AF570584

MARKUS KORPORAL

KNÖDEL

-KOCHBUCH-

Die leckersten Knödel Rezepte für jeden Geschmack und Anlass

Alle Ratschläge in diesem Buch wurden vom Autor und vom Verlag sorgfältig erwogen und geprüft. Eine Garantie kann dennoch nicht übernommen werden. Eine Haftung des Autors beziehungsweise des Verlags für jegliche Personen-, Sach- und Vermögensschäden ist daher ausgeschlossen.

Email: info@edition-lunerion.de
www.edition-lunerion.de

Psiana eCom UG
Berumer Str. 44
26844 Jemgum

Vorwort

Sie sind erklärter Knödel-Fan und können gar nicht genug von den runden Geschmacksbomben bekommen? Oder halten Sie die Kugeln eher für eine langweilige Beilage? In jedem Falle kommt dieses Kochbuch gerade recht! Denn hier entdecken Sie, welch kulinarische Vielfalt hinter dem Küchenklassiker steckt, und machen den Kloß ab sofort zum Superstar bei Tisch.

Knödel, Kloß oder Klops – die Namen unterscheiden sich regional, aber die Grundidee ist stets die gleiche: Aus einer Grundzutat wie alten Brötchen, Kartoffeln oder Reis werden Kugeln geformt und anschließend gegart. Klingt einfach, ist es auch und bietet dabei schier endlose kulinarische Möglichkeiten. Ob herzhaft oder süß, traditionell Deutsch oder exotisch international, ob aus Kartoffeln, Reis oder Grieß, ob mit raffinierten Zutaten verfeinert oder pur – bei der Riesenauswahl ist für alle Geschmäcker etwas dabei und die kreativen Rezepte in diesem Buch präsentieren Ihnen Kloßgerichte für Fleischfans, Fisch-Freaks, Veggies, Suppenliebhaber und Naschkatzen gleichermaßen.

Guten Appetit!

INHALT

Mehr als Kloß mit Soß'

War der Knödel lange Zeit alltäglich auf den Tellern, so wird er heutzutage häufig als Beilage, wenn auch sehr leckere Beilage, abgetan. Die schnelle Zubereitung und die Verwendung von bereits etwas trockenem Brot ermöglichten ein sättigendes Gericht für jedermann.

Wissenswertes

Knödel gibt es in vielen Küchen der Welt. Hierbei werden die Begriffe Knödel, Kloß oder Klops synonym verwendet und finden sich in unterschiedlichen Regionen Deutschlands, Österreichs und Tirols. Den Begriff Knödel findet man in Österreich und Südtirol und in Süddeutschland. In Nord-, West- und Mitteldeutschland hört man den Begriff Kloß. Sobald der Kloß allerdings aus Fleisch hergestellt wird, bezeichnet man diesen in Nord- und Ostdeutschland als Klops. Abhängig von der Hauptzutat gibt es unterschiedliche Sorten von Knödeln.

Knödelsorten

Aus Brötchen werden die Semmelknödel hergestellt. Diese können dann mit Zutaten wie Spinat und Speck verfeinert werden. Ist der Hauptbestandteil die Kartoffel, spricht man von Kartoffelknödeln. Darüber hinaus gibt es noch die Grießknödel, die Matzeknödel, die Fleischknödel, die Mehlknödel und die süßen Quark- oder Topfenknödel.

Grundrezepte

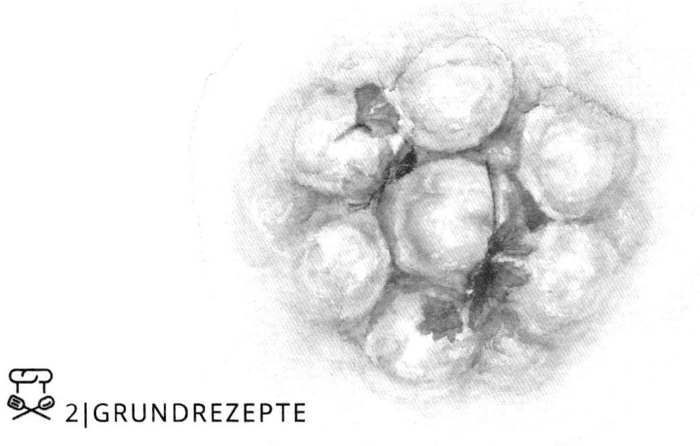

SEMMELKNÖDEL

4 Port.

40 Min.

Leicht

Zutaten

4 Brötchen, vom Vortag
150 ml Milch
2 Eier
30 g Petersilie, glatt
1 Zwiebel
1 TL Salz
Pfeffer
Butter
Semmelbrösel

Nährwerte p. P.

197 kcal
294 g Kohlenhydrate
4 g Fett
8 g Eiweiß

1 Die Brötchen klein schneiden und in einer Schüssel mit dem Salz vermengen.

2 Die geschälten Zwiebeln in feine Würfeln schneiden, die Petersilie fein hacken. Beides in etwas Butter dünsten. Die Milch ein wenig erwärmen. Alles zu den Brötchen geben, verkneten und 10 Minuten ruhen lassen.

3 Salzwasser in einem großen Topf zum Kochen bringen.

4 Die Eier verquirlen und unter den Knödelteig kneten. Pfeffern und salzen. Mit angefeuchteten Händen 8 Knödel formen.

5 Die Hitze des Wassers reduzieren, sodass das Wasser nur noch siedet, und die Knödel darin 20 Minuten garen.

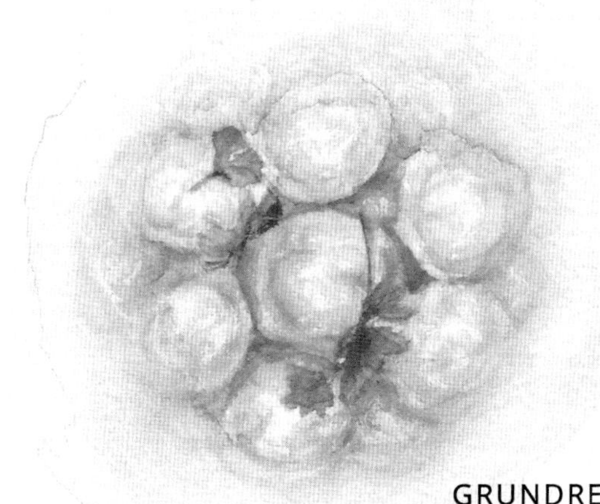

VEGANE SEMMELKNÖDEL

8 Port.

40 Min.

Leicht

Zutaten

10 Brötchen, vom Vortag
1 TL Salz
2 TL Pflanzenöl
300 ml Sojadrink
30 g Petersilie
½ TL Muskat
1 Zwiebel

Nährwerte p. P.

192 kcal
34 g Kohlenhydrate
2 g Fett
6 g Eiweiß

1 Die Brötchen klein schneiden und in einer Schüssel mit dem Pflanzendrink vermengen. Kurz durchziehen lassen.

2 Eine Pfanne mit Öl heiß werden lassen. Die Zwiebel schälen, fein würfeln und in der Pfanne andünsten. Die Petersilie hacken und zu den Zwiebeln geben. Beides zu den Brötchen geben, Salz und Muskat ebenfalls einstreuen und alles gut miteinander verkneten.

3 Feuchten Sie Ihre Hände an und formen aus dem Teig 8 Knödel.

4 Wasser zum Kochen bringen und Salz hinzugeben. Die Hitze reduzieren, sodass das Wasser nur noch siedet. Die Knödel ins Wasser gleiten lassen und 15 Minuten garen. Sobald sie an der Oberfläche schwimmen, können sie abgeschöpft werden.

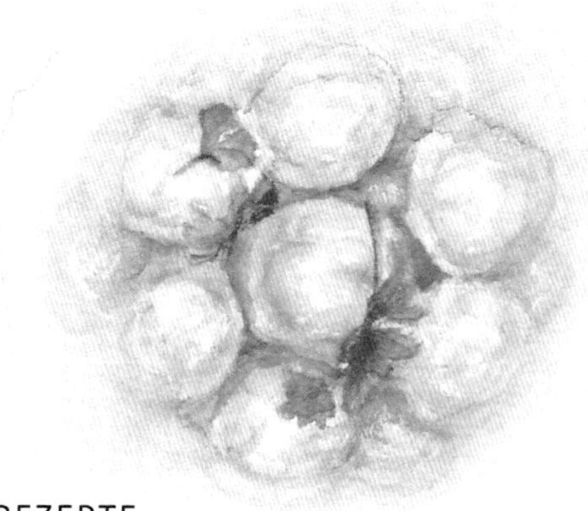

KARTOFFELKNÖDEL

10 Port. 50 Min. Leicht

Zutaten

1 Eigelb
120 g Kartoffelstärke
750 g Kartoffeln, mehligkochend
Prise Muskatnuss
Prise Salz
1 TL Butter

Nährwerte p. P.

140 kcal
28 g Kohlenhydrate
1 g Fett
2 g Eiweiß

1 Die Kartoffeln in kochendem Wasser 20 Minuten weich kochen. Anschließend unter kaltem Wasser abschrecken und pellen.

2 Die Kartoffeln mithilfe einer Kartoffelpresse durchdrücken und mit Butter, Eigelb, Salz, Kartoffelstärke und Muskat verrühren. Ein paar Minuten ruhen lassen.

3 Salzwasser in einem Topf zum Kochen bringen. Aus dem Kartoffelteig Knödel formen und ins Wasser geben.

4 Die Temperatur herunterdrehen, das Wasser darf nicht mehr kochen, die Knödel 20 Minuten garen. Die Knödel abschöpfen.

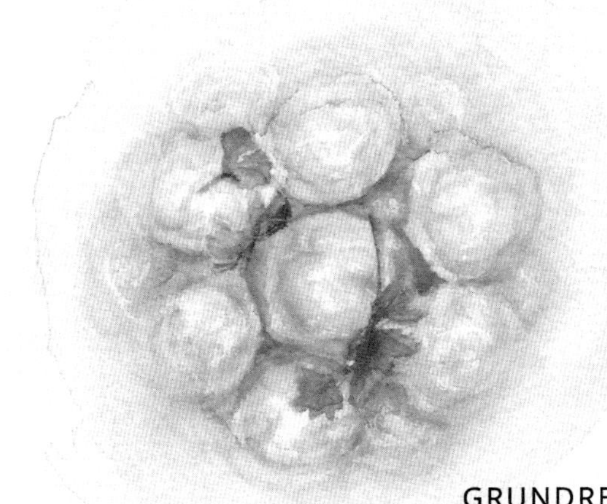

BUCHWEIZENKNÖDEL

 8 Port.

 30 Min.

 Leicht

Zutaten

250 ml Milch
½ Zwiebel
150 g Speck
200 g Weißbrot
100 g Buchweizenmehl
50 g Weizenmehl
2 Eier
Pfeffer und Salz

Nährwerte p. P.

903 kcal
110 g Kohlenhydrate
33 g Fett
36 g Eiweiß

1 Den Speck ganz fein würfeln, auch die geschälte Zwiebel in feine Würfel schneiden. Beides in einer Pfanne anrösten. Das Weiß-brot klein schneiden und mit der Speck-Zwiebel-Mischung ver-mengen.

2 Milch und Eier miteinander verquirlen und zum Knödelbrot geben. Mit Pfeffer und Salz würzen.

3 Die beiden Mehle untermengen, gut verkneten und ein wenig ru-hen lassen.

4 Wasser mit Salz in einem Topf erhitzen und zum Sieden bringen.

5 Mit angefeuchteten Händen 8 Knödel formen und im Wasser 20 Minuten garen.

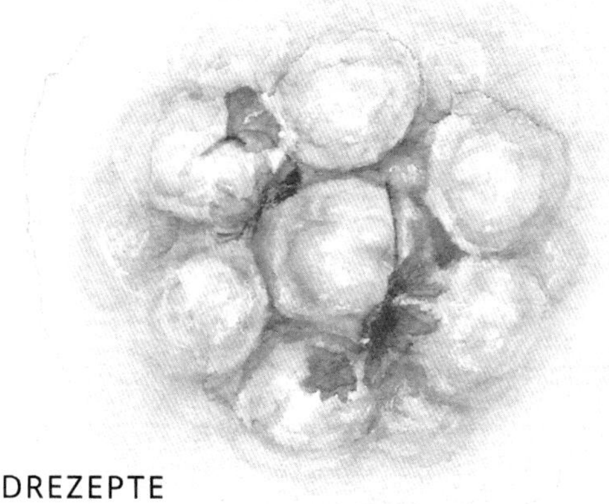

VEGANE KARTOFFELKNÖDEL

8 Port. 55 Min. Leicht

Zutaten

25 g Margarine
500 g Kartoffeln, mehligkochend
1 TL Salz
80 g Kartoffelstärke
Prise Muskat

Nährwerte p. P.

433 kcal
75 g Kohlenhydrate
10 g Fett
5 g Eiweiß

1 Kochen Sie die Kartoffeln in heißem Salzwasser ca. 30 Minuten gar.

2 Die Kartoffeln abseihen und schälen. Mithilfe einer Kartoffelpres-se die Kartoffeln durchdrücken.

3 Salz, Kartoffelstärke, Margarine und Muskat zu den Kartoffeln geben und zu einem Teig vermengen. Hierbei am besten die ei-genen Hände nutzen.

4 Formen Sie aus dem Teig 8 Kartoffelknödel.

5 Einen Topf mit reichlich Salzwasser aufkochen lassen. Die Knö-del hineingeben und 20 Minuten ziehen lassen. Sobald sie an die Oberfläche kommen, sind sie fertig. Die Knödel abschöpfen.

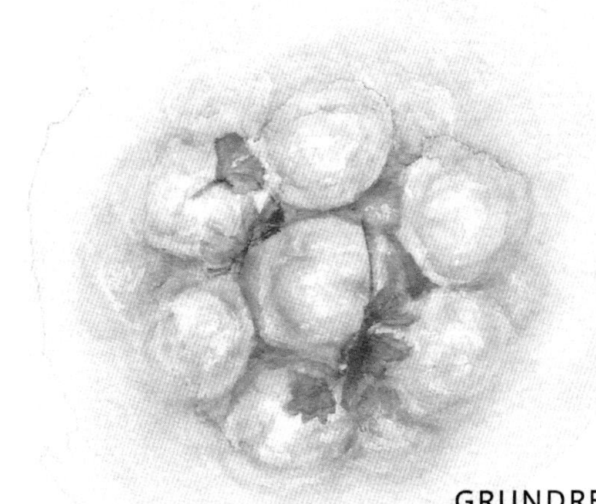

SERVIETTENKNÖDEL

8 Port.

50 Min.

Leicht

Zutaten

500 ml Milch
8 Brötchen, vom Vortag
1 TL Majoran
4 Eier
1 Zwiebel
1 TL Salz
½ TL Muskat
1 Bund Petersilie
Semmelbrösel
1 EL Butter

Nährwerte p. P.

879 kcal
119 g Kohlenhydrate
26 g Fett
36 g Eiweiß

1 Die geschälte Zwiebel fein würfeln, die Petersilie hacken. In einer Pfanne Butter erhitzen und Petersilie und Zwiebeln darin andünsten.

2 Die Brötchen in Würfel schneiden. Die Milch kurz erhitzen und über den Brötchen verteilen.

3 Die Petersilie-Zwiebel-Mischung zu den Brötchen geben, Eier un-termengen, Muskat, Majoran und Salz dazugeben und alles gut verkneten. Bei Bedarf mit Semmelbröseln andicken.

4 Ein Geschirrtuch anfeuchten, den Teig daraufgeben und eine Rolle formen. Das Ganze mit dem Geschirrtuch aufwickeln. Die Enden verdrehen und mit einem Küchengarn schließen.

5 Wasser in einem großen Topf zum Kochen bringen, die eingewi-ckelte Knödelrolle hineinlegen und die Hitze reduzieren. 25 Minu-ten bei leicht geöffnetem Deckel garen.

6 Die Rolle aus dem Wasser nehmen, aufwickeln und anschließend in Scheiben schneiden.

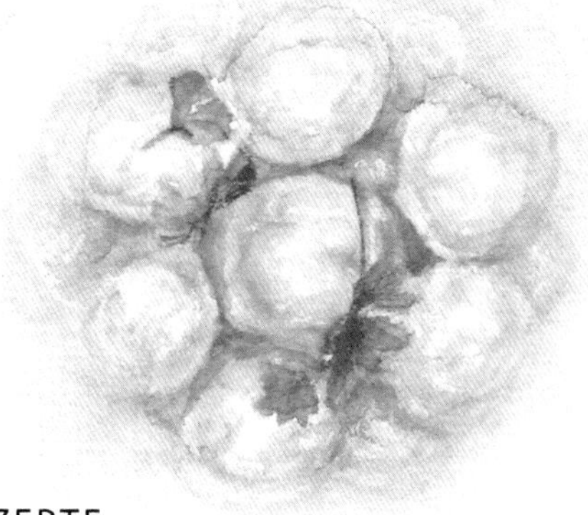

LEBERKNÖDEL

10 Port. 1 Std. 15 Min. Mittel

Zutaten

300 g Knödelbrot
850 g Rinderleber
600 ml Milch
2 Zwiebeln
3 Eier
1 Bund Petersilie
3 l Rinderbrühe
2 EL Butter
1 TL Muskat
1 EL Pfeffer
2 EL Salz
1 Bund Schnittlauch

Nährwerte p. P.

312 kcal
26 g Kohlenhydrate
11 g Fett
24 g Eiweiß

1 Die Rinderleber durch einen Fleischwolf pressen.

2 Die Milch erhitzen und über das Knödelbrot geben. 10 Minuten einweichen lassen.

3 Die Petersilie fein hacken und die Zwiebel in Würfel schneiden. Butter in einer Pfanne erhitzen und beides darin glasig andünsten.

4 Leber, Knödelbrot und Eier miteinander verkneten. Mit Pfeffer, Salz und Muskat würzen. Die Petersilie-Zwiebel-Mischung untermengen und erneut durchkneten.

5 Die Hände ein wenig anfeuchten und Knödel aus dem Teig formen.

6 Die Rinderbrühe erhitzen, aber nicht zum Kochen bringen. Die Knödel hineingeben und garen.

7 Nach 10 - 15 Minuten kommen die Leberknödel an die Oberfläche und sind fertig.

8 Den Schnittlauch in Röllchen schneiden und über den Knödeln verteilen.

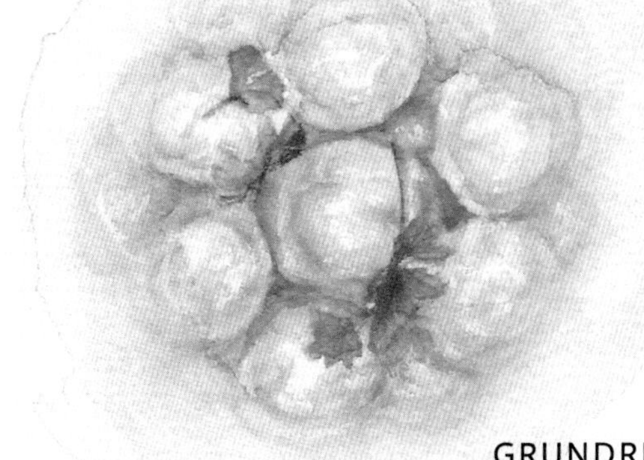

BÖHMISCHER KNÖDEL

2 Port.

1 Std.
25 Min.

Leicht

Zutaten

500 g Weizenmehl
1 Brötchen, vom Vortag
10 g frische Hefe
1 Ei
250 ml Milch, lauwarm
½ TL Salz

Nährwerte p. P.

1.036 kcal
196 g Kohlenhydrate
10 g Fett
34 g Eiweiß

1 Schneiden Sie das Brötchen in Würfel.

2 In einer großen Schüssel Mehl und Salz vermengen. Mittig eine Kuhle formen und die Hefe hineinbröseln, erneut eine Prise Salz daraufgeben. ⅓ der warmen Milch dazugießen und mit ein wenig Mehl und einer Gabel verrühren. 5 Minuten aufgehen lassen.

3 Nehmen Sie eine zweite Schüssel zur Hand und verquirlen Sie die übrige Milch mit dem Ei. Anschließend geben Sie diese Mischung in die Mehl-Schüssel.

4 Alles gut miteinander verkneten und mit einem Geschirrtuch zudecken. Stellen Sie die Schüssel zum Ruhen 45 Minuten an einen warmen Ort.

5 Salzwasser in einem Topf erhitzen, aber nicht kochen lassen. Den Knödelteig zu zwei Knödelrollen mit einem Durchmesser von 10 cm formen.

6 18 Minuten im Salzwasser kochen, nach 9 Minuten einmal wenden. Stets den Deckel auf den Topf setzen.

7 Die Knödelrollen herausnehmen und mit einer Gabel einstechen. Die Knödel dann in Scheiben schneiden.

GRIEßKNÖDEL

2 Port. 40 Min. Leicht

Zutaten

100 g Weichweizengrieß
250 ml Milch
30 g Butter
¼ TL Salz
1 Ei
Prise Muskat

Nährwerte p. P.

398 kcal
40 g Kohlenhydrate
20 g Fett
11 g Eiweiß

1 Einen Topf mit Milch, Butter, Muskat und Salz erhitzen. Den Grieß langsam hineinrieseln lassen und unter stetigem Rühren einen Klumpen entstehen lassen.

2 Gut auskühlen lassen und das Ei unterarbeiten. Aus diesem Teig anschließend Knödel formen.

3 In einem zweiten Topf Salzwasser erhitzen und die Knödel hineinlegen. Für 10 Minuten sachte köcheln lassen. Sobald sie an die Oberfläche kommen, können sie abgeschöpft werden.

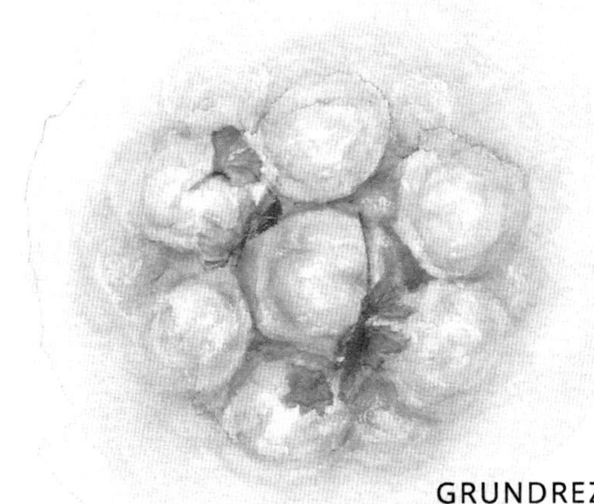

KNÖDEL IM GLAS

4 Port.

3 Std.

Mittel

Zutaten

500 ml Milch
300 g Brötchen, vom Vortag
2 Zwiebeln
2 TL Salz
2 EL Petersilie, gehackt
3 Eier
4 Einmachgläser
Pfeffer und Muskat
Öl

Nährwerte p. P.

340 kcal
47 g Kohlenhydrate
9 g Fett
14 g Eiweiß

1 Heizen Sie den Backofen auf Ober-/Unterhitze und 100 °C vor.

2 Das Brot würfeln und mit warmer Milch übergießen. Die geschälten Zwiebeln in feine Würfel schneiden und mit Petersilie in einer Pfanne mit heißem Öl dünsten.

3 Die Petersilie-Zwiebel-Mischung gemeinsam mit den Eiern zum Brot geben, gut würzen und verkneten. 20 Minuten ruhen lassen.

4 Die Einmachgläser mithilfe eines Pinsels innen mit Öl einstreichen, 1 cm bis zum Rand aussparen. Das Glas bis zu ⅔ mit dem Teig befüllen, am Rand reinigen und den Deckel verschließen.

5 Die Knödelgläser in einer Auflaufform platzieren. 2 cm Wasser hineinfüllen. Für 2 Stunden in den Backofen stellen.

6 Abschließend die Gläser auskühlen lassen. Im Kühlschrank sind diese mehrere Wochen haltbar.

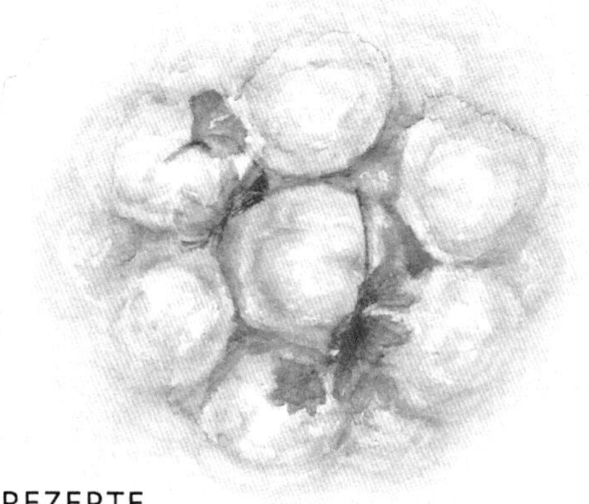

Suppen

TIROLER KNÖDELSUPPE

4 Port.

20 Min.

Leicht

Zutaten

50 g Speck, gewürfelt
250 g Brötchen, vom Vortag, gewürfelt
2 Eier
50 g Kaminwurzen
Muskat, Salz
1 EL Petersilie, gehackt
125 ml Milch
1 ½ l Rinderbrühe
80 g Mehl
2 EL gehackter Schnittlauch

Nährwerte p. P.

651 kcal
97 g Kohlenhydrate
16 g Fett
26 g Eiweiß

1 Die Kaminwurzen fein würfeln. Die Brotwürfel mit den Speckwürfeln und den Kaminwurzen-Würfeln vermischen.

2 Eier und Milch sprudelig rühren, Muskat und Salz unterrühren. Geben Sie die Petersilie dazu und geben Sie die angerührte Mischung zum Brot. Lassen Sie das Ganze 15 Minuten ziehen.

3 Mengen Sie das Mehl unter und feuchten Sie Ihre Hände an.

4 Aus der Knödelmasse kleine Knödel formen. Die Knödel in siedendem Wasser 15 Minuten ziehen lassen.

5 Die Knödel in einer Suppenschüssel anrichten und die heiße Rinderbrühe darübergeben. Mit Schnittlauch garnieren.

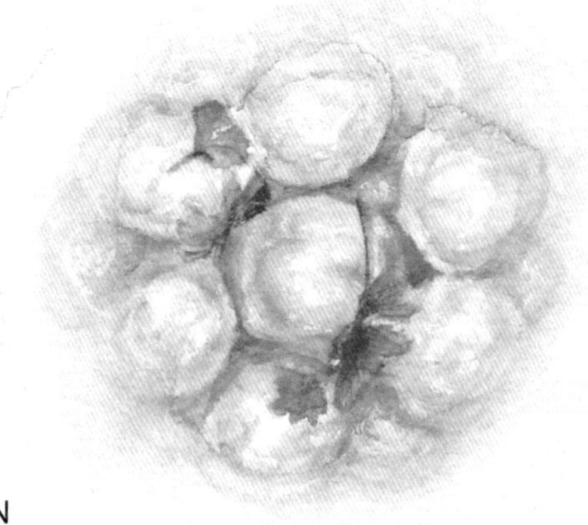

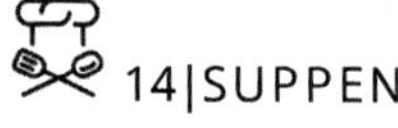

MEHLKNÖDELSUPPE

4 Port.

30 Min.

Leicht

Zutaten

5 EL Mehl
1 l Suppe
1 Ei
1 Msp. Muskatnuss
Prise Salz
100 ml Wasser

Nährwerte p. P.

117 kcal
18 g Kohlenhydrate
2 g Fett
4 g Eiweiß

1 Wasser, Salz, Muskat, Mehl und Ei miteinander verrühren.

2 Die Suppe in einen Topf geben und erhitzen.

3 Aus dem Teig kleine Knödel formen und in die Suppe gleiten lassen. Hitze abstellen und die Knödel ziehen lassen.

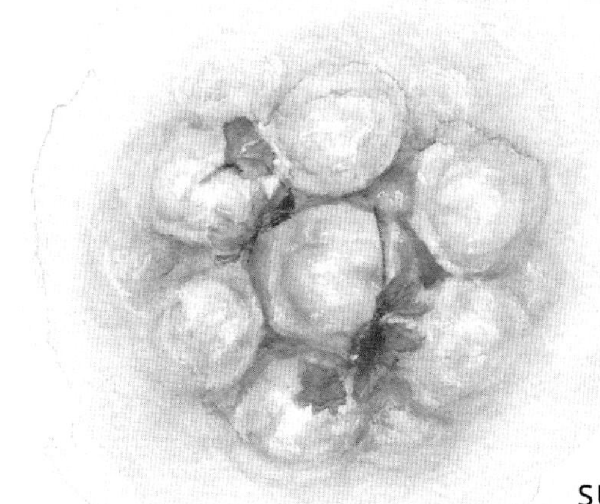

BRÖSELKNÖDELSUPPE

4 Port. 20 Min. Leicht

Zutaten

100 g Semmelbrösel
60 g Butter
2 Eier
1 EL gehackte Petersilie
1 l Fleischbrühe
1 Msp. Muskat
Salz

Nährwerte p. P.

480 kcal
38 g Kohlenhydrate
30 g Fett
10 g Eiweiß

1 Die Butter mit den Eiern schaumig rühren. Die Semmelbrösel und die Petersilie untermengen, gerade so viel, bis der Teig geschmeidig ist. Muskat und Salz dazugeben.

2 Kleine Knödel mit angefeuchteten Händen formen. Die Fleischbrühe zum Kochen bringen und die Knödelchen darin ziehen lassen.

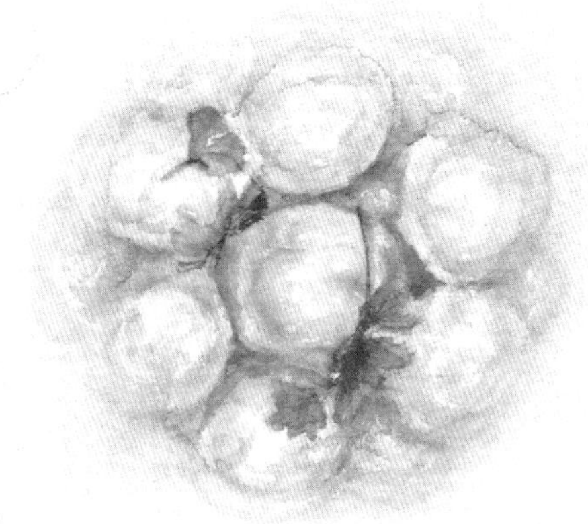

GRIEẞKNÖDELSUPPE

4 Port.

2 Std.

Leicht

Zutaten

Brühe
1 Petersilienwurzel
200 g Möhren
½ Knolle Sellerie
3 Stangen Lauch
1 EL Rapsöl
1 Knoblauchzehe
2 l Wasser
2 Wacholderbeeren
1 Lorbeerblatt
Pfeffer und Salz
½ TL Kümmel
½ TL Anissamen
3 Zwiebeln

Grießknödel
2 Eier
200 g Weichweizengrieß
Prise Salz
½ Bund Schnittlauch
½ Bund Petersilie

Nährwerte p. P.

723 kcal
100 g Kohlenhydrate
18 g Fett
26 g Eiweiß

1 Für die Suppe das Gemüse schälen und in kleine Stücke schneiden.

2 Rapsöl in einen großen Topf geben und heiß werden lassen. Die Gemüsewürfel hineingeben, salzen und pfeffern und ein wenig anrösten.

3 Den Topf an die Seite stellen und alles ein wenig abkühlen lassen.

4 Zwiebeln und Knoblauch schälen und fein würfeln. Kümmel, Anis, Wacholderbeeren und das Lorbeerblatt dem Gemüse beimengen. Wasser hinzugießen und zum Kochen bringen.

5 Die Hitze reduzieren und die Brühe 3 Stunden vor sich hin köcheln lassen.

6 Mithilfe eines Siebes das Gemüse von der Brühe trennen. Das weich gekochte Gemüse als Suppeneinlage aufbewahren.

7 Die Eier für die Knödel schaumig aufschlagen und Salz unterrühren. Den Grieß nach und nach hineinrieseln lassen. Die Grießmasse 5 Minuten aufquellen lassen.

8 Wasser mit ein wenig Salz in einem Topf zum Sieden bringen. Kleine Grießknödel formen und ins Wasser geben. Sobald sie an die Wasseroberfläche kommen, sind sie fertig.

9 Grießknödel in die Brühe geben und erneut 5 Minuten garen. Die Knödel herausnehmen.

10 Petersilie und Schnittlauch fein schneiden. Alle Bestandteile in einem Topf zusammenfügen und noch einmal aufkochen lassen.

GEIGENKNÖDELSUPPE

4 Port.

30 Min.

Leicht

Zutaten

¼ Bund Petersilie
6 gehäufte EL Paniermehl
3 Eier
2 l Gemüsebrühe
Salz und Muskat

Nährwerte p. P.

217 kcal
23 g Kohlenhydrate
8 g Fett
10 g Eiweiß

1 Die gewaschene Petersilie fein hacken und zu den verquirlten Eiern geben.

2 Rühren Sie das Paniermehl ein und vermengen alles sehr gut miteinander. 10 Minuten quellen lassen.

3 2 Liter Brühe in einem großen Topf aufkochen.

4 Kleine Knödel formen und in der heißen Brühe garen. Die Hitze reduzieren und mit geschlossenem Deckel 10 Minuten garen.

HEFEKNÖDELSUPPE

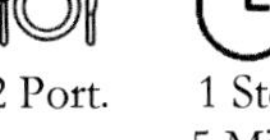

2 Port. 1 Std. 5 Min. Leicht

Zutaten

25 g Semmelbrösel
100 g Mehl
½ TL Salz
¼ TL Pfeffer
½ TL Trockenhefe
1 EL Hefeflocken
15 g Margarine
1 Zwiebel
70 ml Gemüsebrühe
1 EL Sojasauce
1 EL Schnittlauch
Muskat

Nährwerte p. P.

375 kcal
59 g Kohlenhydrate
8 g Fett
12 g Eiweiß

1 Die geschälte Zwiebel in feine Würfel schneiden. In einer Pfanne die Margarine zergehen lassen. Die Zwiebelwürfel dünsten.

2 Hefe, Mehl, Margarine mit Zwiebeln und Semmelbrösel mit allen anderen Zutaten vermengen. Eine große Kugel formen und diese mit Öl einreiben. 30 Minuten ruhen lassen.

3 16 Portionen aus dem Teig schneiden und Klöße formen. Alle zudecken und nochmals 15 Minuten ruhen lassen.

4 Wasser zum Kochen bringen, die Klöße bei mittlerer Stufe 10 Minuten garen. Den Deckel schließen.

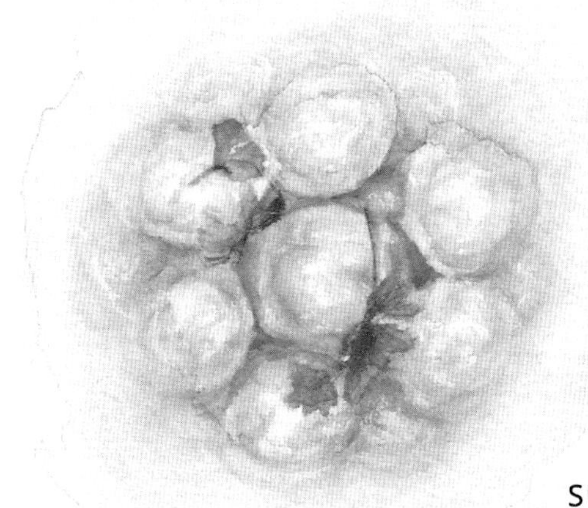

KÄSEKNÖDELSUPPE

10 Port.

45 Min.

Mittel

Zutaten

4 Brötchen, vom Vortag
1 Zwiebel
50 g Weizenkeime
2 Eier
200 ml Milch
½ Bund Petersilie
2 EL klare Suppe
1 ½ l Wasser
Muskat, Salz und Pfeffer
150 g Bergkäse
Öl

Nährwerte p. P.

156 kcal
13 g Kohlenhydrate
7 g Fett
8 g Eiweiß

1 Die Brötchen in kleine Würfel schneiden und in einer großen Schüssel mit den Keimen vermengen.

2 Die Milch einmal aufkochen lassen und über das Brot gießen. 15 Minuten ruhen lassen.

3 Die geschälte Zwiebel in feine Würfel schneiden und in Öl andünsten. Die gehackte Petersilie dazugeben.

4 Den Bergkäse reiben und über die Würfel geben. Die Petersilie-Zwiebeln und die Eier ebenfalls untermengen.

5 Mit Muskat, Salz und Pfeffer abschmecken, erneut 15 Minuten ziehen lassen.

6 Feuchten Sie Ihre Hände an und formen aus der Masse 10 Knödel.

7 Salzwasser in einem Topf erhitzen, Hitze herunterdrehen und die Knödel 12 Minuten im heißen Wasser ziehen lassen. Hierbei einen Deckel auflegen.

8 Die klare Brühe mit Wasser in einem anderen Topf zum Kochen bringen.

9 Jeweils zwei der Knödel auf einem Teller platzieren und mit der Brühe übergießen.

LEBERKNÖDELSUPPE

4 Port. 45 Min. Mittel

Zutaten

1 Zwiebel
125 ml Milch, lauwarm
2 Brötchen, vom Vortag
2 Eier
2 EL Schnittlauch, gehackt
400 g Rinderleber, durchgedreht
1 TL Salz
2 EL gehackte Petersilie
1 l Fleischbrühe
2 EL Paniermehl
½ TL Majoran
Pfeffer

Nährwerte p. P.

314 kcal
25 g Kohlenhydrate
10 g Fett
27 g Eiweiß

1 Die Brötchen würfeln und in Wasser weich werden lassen. Im Anschluss das Wasser gut aus den Knödeln herauspressen.

2 Die Brötchenwürfel mit lauwarmer Milch vermengen.

3 Die geschälte Zwiebel in feine Würfel schneiden und gemeinsam mit den Eiern, der Rinderleber, Majoran, Petersilie, Pfeffer, Paniermehl und Salz zu den weichen Brötchen geben. Alles gut miteinander verkneten.

4 In einem Topf Salzwasser erhitzen und die Hitze anschließend reduzieren. Feuchten Sie Ihre Hände an und formen Sie 12 Klöße. Lassen Sie diese im siedenden Wasser 20 Minuten ziehen.

5 Fleischbrühe in einem weiteren Topf zum Kochen bringen. Kommen die Knödel an die Oberfläche, können sie abgeschöpft werden.

6 Die Fleischbrühe auf Suppenteller verteilen und die Leberknödel darin anrichten. Mit Schnittlauch bestreuen.

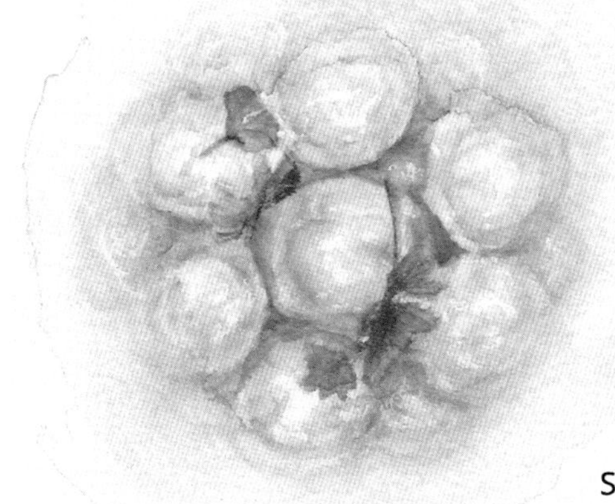

Salate

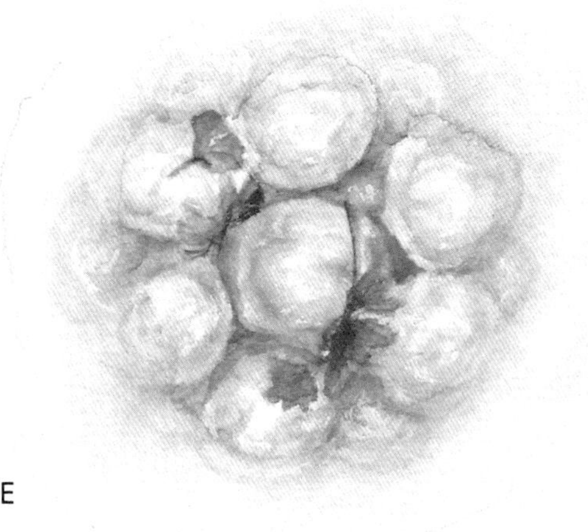

RUCOLA-KNÖDEL-SALAT

4 Port.

30 Min.

Leicht

Zutaten

2 TL Schnittlauch
1 Pck. Semmelknödel (Fertigprodukt)
250 ml Milch
4 EL Aceto balsamico
250 g Rucola
1 TL Zucker
6 EL Olivenöl
3 Radieschen
1 Ei, hart gekocht
Salz

Nährwerte p. P.

388 kcal
26 g Kohlenhydrate
27 g Fett
8 g Eiweiß

1 Die Milch erhitzen und den Beutelinhalt der Knödel damit übergießen. Den Schnittlauch klein schneiden und untermengen. Alles gut verkneten und 6 Knödel daraus formen.

2 Salzwasser zum Kochen bringen und die Knödel 10 Minuten darin ziehen lassen. Hitze reduzieren.

3 Den Rucola waschen, die gewaschenen Radieschen fein hacken und das Ei schälen und ebenfalls klein schneiden.

4 Balsamico, Zucker, Salz und Öl zu einer Marinade verrühren.

5 Die Knödel aus dem Wasser nehmen, in Scheiben schneiden. Den Rucola auf die Teller verteilen, die Knödel darauf platzieren und mit der Marinade beträufeln.

6 Das Ei und die Radieschen darüberstreuen.

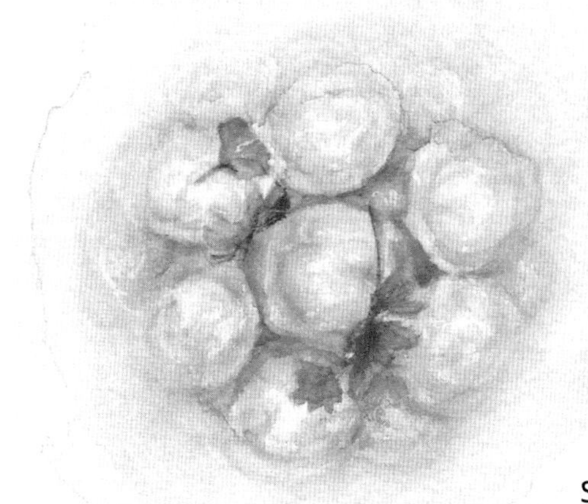

KNÖDEL-WEIẞWURSTSALAT

4 Port.

1 Std.

Leicht

Zutaten

Knödel
30 g Butter
2 Schalotten
125 g Brötchen, vom Vortag
100 ml Milch
2 Eier
½ Bund Petersilie
Pfeffer und Salz
Prise Muskat

Salat
100 g Senf, süß
100 g Feldsalat
100 ml heller Balsamico
40 g Honig
80 ml Apfelsaft
3 Radieschen
1 EL Meerrettich
4 Weißwürste
8 Kirschtomaten
2 EL Butter
100 ml Rapsöl
Pfeffer, Salz und Zucker

Nährwerte p. P.

845 kcal
41 g Kohlenhydrate
66 g Fett
22 g Eiweiß

1 Schneiden Sie die Brötchen in Würfel und geben Sie diese in eine Schüssel.

2 Die geschälten Schalotten fein würfeln und mit etwas Butter in einem Topf dünsten.

3 Mit Milch ablöschen und Muskat, Pfeffer und Salz abschmecken. Die Milch über den Brötchen verteilen, durchmengen und ziehen lassen.

4 Die Petersilie fein hacken und ebenfalls zu den Brötchen geben. Eiweiß und Eigelb trennen und nur das Eigelb zu den Brötchen geben und verrühren.

5 Schlagen Sie das Eiweiß steif und heben dies unter die Knödelmischung.

6 Verteilen Sie die Masse auf einer Alufolie und formen daraus eine Rolle. Verzwirbeln Sie die Enden gut miteinander und schließen diese mit einem Garn. Diese Alufolienrolle in ein Küchentuch wickeln und die Enden ebenfalls wieder mit einem Garn verschließen.

7 Einen Bräter mit Wasser füllen, erhitzen und die Knödelrolle hineinlegen. Die Hitze reduzieren und 25 Minuten ziehen lassen.

8 Den Feldsalat aussortieren und gut waschen. Senf, Apfelsaft, Honig, Pfeffer, Salz, Balsamico, Zucker und Meerrettich miteinander verrühren. Das Öl hineinlaufen lassen und mit einem Schneebesen aufschlagen.

9 Die Knödelrolle herausnehmen und das Küchentuch abnehmen. Die Knödelrolle ein wenig abkühlen lassen.

10 Wasser in einem Topf erhitzen und die Weißwürste darin garen.

11 Die Tomaten vierteln, die Radieschen hobeln. Die Knödelrolle auspacken und in Würfel schneiden.

12 2 EL Butter in einer Pfanne heiß werden lassen und die Knödel darin anbraten. Die Weißwürste aus dem Wasser nehmen, pellen und in Scheiben schneiden. Diese Scheiben zu den Knödeln geben.

13 Tomaten, Radieschen und Feldsalat mit dem Dressing vermengen und mit dem Knödelgröstl auf den Tellern anrichten.

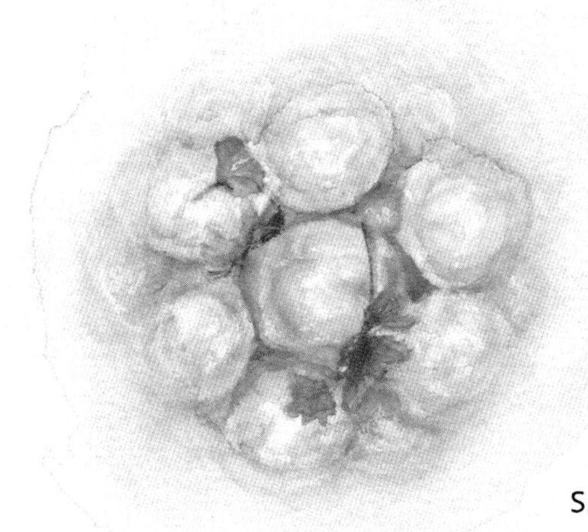

PAPRIKA-LEBERKNÖDEL-SALAT

2 Port. 20 Min. Leicht

Zutaten

2 Schalotten
6 Leberknödel (s. Grundrezepte)
4 Knoblauchzehen
2 Paprikaschoten
2 Lauchzwiebeln
Pfeffer und Salz
Olivenöl
Balsamico-Essig
2 Möhren

Nährwerte p. P.

758 kcal
49 g Kohlenhydrate
19 g Fett
89 g Eiweiß

1 Die Leberknödel nach dem Rezept im Kapitel Grundrezepte zubereiten. Schneiden Sie die Leberknödel in Scheiben.

2 In einer Pfanne etwas Butter schmelzen lassen und die Leberknödel darin anbraten. Herausnehmen.

3 Die geschälten Möhren grob reiben. Den Knoblauch und die Schalotten fein hacken. Die Lauchzwiebeln in Ringe schneiden. Die Paprikaschoten grob würfeln.

4 In einer Schüssel die Leberknödel, Schalotten, Paprika, Knoblauch und Lauchzwiebeln gut pfeffern und salzen. Öl und Essig dazugeben und gut miteinander vermengen.

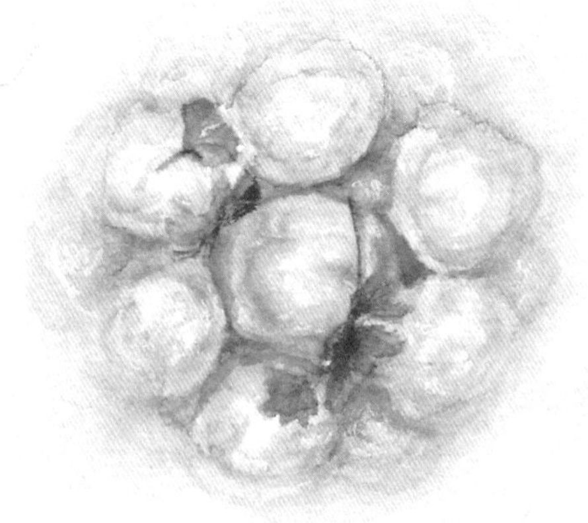

HERBSTLICHER KNÖDELSALAT

2 Port. 15 Min. Leicht

Zutaten

4 Semmelknödel, vom Vortag
1 Handvoll Walnusskerne
1 Apfel
1 Zwiebel
2 EL Himbeeressig
4 Prisen Pfeffer
1 TL Gemüsebrühe
2 EL Rapsöl
½ Bund Petersilie, glatt

Nährwerte p. P.

440 kcal
64 g Kohlenhydrate
14 g Fett
11 g Eiweiß

1 Hacken Sie die Walnüsse grob. Rösten Sie diese ohne Zugabe von Öl in einer Pfanne an.

2 Die Knödel in Scheiben schneiden und in einem Fächer angeordnet auf dem Teller platzieren.

3 Den Apfel waschen und mithilfe eines Spiralschneiders schneiden. Diese Apfelkringel auf den Knödeln verteilen.

4 Die geschälte Zwiebel halbieren und in halbe Ringe schneiden. Zu den Knödeln geben. Die gewaschene Petersilie hacken und über den Knödeln verstreuen.

5 Essig, Öl, Gemüsebrühpulver und Pfeffer zu einer Marinade anrühren und über den Salat träufeln. Abschließend die Walnusskerne darüber verteilen.

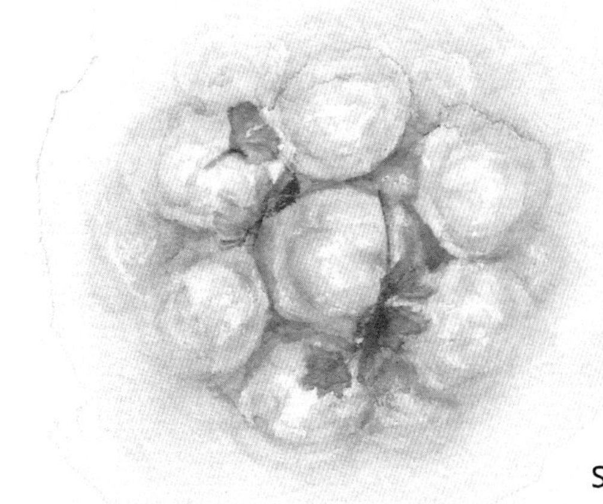

SAURER KNÖDELSALAT

2 Port.

1 Std.
20 Min.

Leicht

Zutaten

1 Zwiebel, rot
3 Semmelknödel, gekocht und kalt
1 EL Essig
3 Radieschen
Pfeffer und Salz
2 EL Olivenöl
Prise Zucker

Nährwerte p. P.

344 kcal
41 g Kohlenhydrate
15 g Fett
7 g Eiweiß

1 Die Knödel in feine Scheiben schneiden. Die geschälte Zwiebel ebenfalls in dünne Scheiben schneiden. Die gewaschenen Radieschen fein würfeln.

2 Öl und Essig verrühren und mit Pfeffer, Salz und Zucker würzen.

3 Das Dressing vor dem Servieren über die Knödel geben und 1 Stunde durchziehen lassen.

GEBRATENE KNÖDEL MIT KOPFSALAT

4 Port. 1 Std. Leicht

Zutaten

3 Eier
300 g Brötchen, vom Vortag
2 EL Butter
1 Zwiebel
1 Kopfsalat
250 ml Milch
1 Bund Schnittlauch
150 g saure Sahne
2 EL Essig
2 EL Öl
Pfeffer und Salz, Muskat

Nährwerte p. P.

589 kcal
51 g Kohlenhydrate,
34 g Fett
16 g Eiweiß

1 Die Brötchen würfeln, die geschälte Zwiebel würfeln und diese mit 1 EL Butter in einer Pfanne dünsten. 150 ml Milch zu den Zwiebeln geben, erwärmen und mit Muskat, Salz und Pfeffer abschmecken. Die Milch zu den Brötchenwürfeln geben und durchziehen lassen.

2 Wasser in einem Topf zum Kochen bringen. Die Eier miteinander verquirlen und zu den Brötchen geben und kräftig durchkneten.

3 Mit angefeuchteten Händen 24 kleine Knödel formen. Das Wasser salzen und die Knödel bei geringer Hitze darin garen.

4 Den Salat waschen. 100 ml Milch, Essig, Sahne, Pfeffer und Salz in einer Schüssel vermengen und den Salat darin wenden. Schnittlauch schneiden und auf dem Salat verteilen.

5 Die Knödel aus dem Wasser nehmen, abtropfen lassen. 2 EL Öl und 1 EL Butter in einer Pfanne heiß werden lassen. Die kleinen Knödel darin anbraten. Den Salat auf die Teller verteilen und die Knödel darauf drapieren.

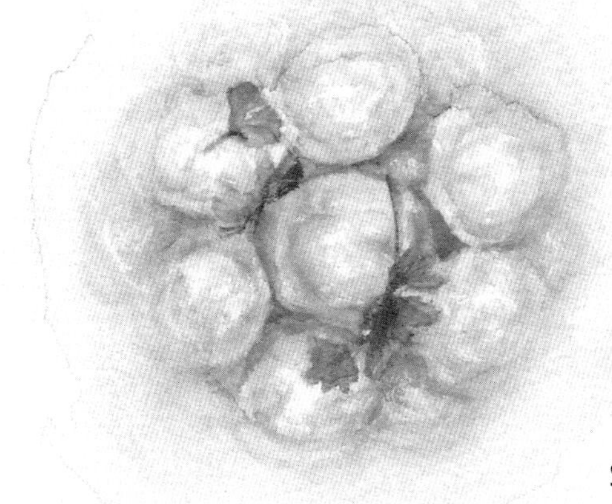

SEMMELKNÖDELSALAT MIT RADIESCHEN

6 Port.

45 Min.

Leicht

Zutaten

6 Semmelknödel (s. Grundrezepte)
3 Radieschen
250 g Rucola
1 Ei, hart gekocht
1 TL Honig
1 TL Senf
3 EL Aceto balsamico
2 EL Olivenöl
3 EL Rapsöl
1 TL Schnittlauchröllchen
Pfeffer und Salz

Nährwerte p. P.

251 kcal
29 g Kohlenhydrate
11 g Fett
6 g Eiweiß

1 Die Semmelknödel nach dem Rezept im Kapitel Grundrezepte zubereiten.

2 Den gewaschenen Rucola ein wenig klein schneiden. Die gewaschenen Radieschen in feine Würfel schneiden, das hart gekochte Ei pellen und ebenfalls klein schneiden.

3 Olivenöl, Balsamico, Senf, Honig, 2 EL Wasser, Salz und Pfeffer zu einer Vinaigrette verrühren. Die gewürfelten Radieschen und das Ei mit den Schnittlauchröllchen hinzugeben.

4 Die Knödel in Scheiben schneiden, Rapsöl in einer Pfanne erhitzen und die Knödelscheiben darin anbraten.

5 Den Rucola auf die Teller verteilen, die Knödel darauf anrichten und mit der Vinaigrette beträufeln.

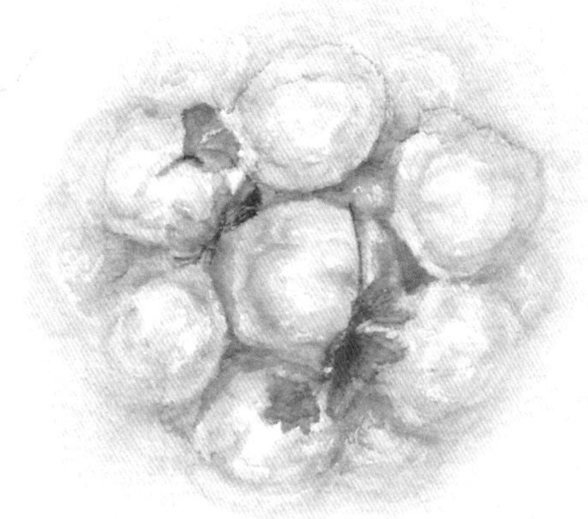

KNÖDEL-RETTICH-SALAT

3 Port. 40 Min. Leicht

Zutaten

6 Knödel (s. Grundrezepte)
400 g weißer Rettich
2 EL Weißweinessig
2 EL Schnittlauch, geschnitten
3 EL Olivenöl
Pfeffer und Salz

Nährwerte p. P.

437 kcal
55 g Kohlenhydrate
16 g Fett
10 g Eiweiß

1 Die Semmelknödel wie im Kapitel Grundrezepte beschrieben zubereiten.

2 Den geschälten Rettich fein raspeln. Mit Olivenöl, Weißweinessig, Pfeffer und Salz anmachen.

3 Die Knödel in Scheiben schneiden und mit dem Rettich-Salat servieren. Die Schnittlauchröllchen darüberstreuen.

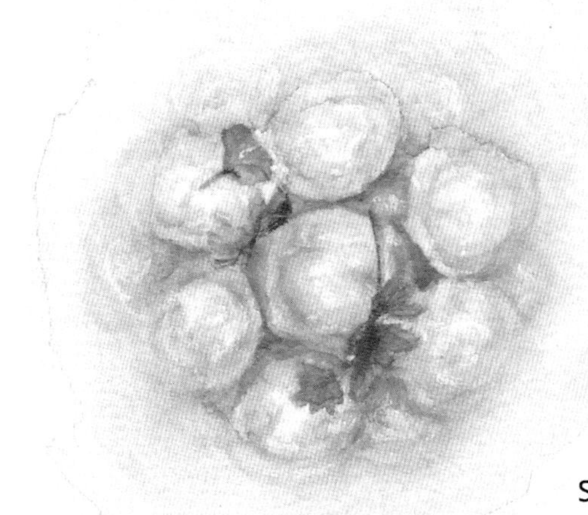

Hauptspeisen mit Fleisch

LEBERKNÖDEL-BURGER

 4 Port.

 20 Min.

 Mittel

Zutaten

3 Zwiebeln, rot
4 Leberknödel
2 TL Honig
4 Laugenbrötchen
2 TL Senf
Pfeffer und Salz
Öl
4 Scheiben Bergkäse

Nährwerte p. P.

480 kcal
57 g Kohlenhydrate
10 g Fett
36 g Eiweiß

1 Schälen Sie die Zwiebel, halbieren Sie diese und schneiden Sie sie in feine Ringe. Öl in einer Pfanne erhitzen und die Zwiebelringe darin schmoren.

2 Senf und Honig in einer Schüssel vermengen und die Zwiebel darin schwenken. Salzen und pfeffern.

3 Die Leberknödel in 2 cm dicke Scheiben schneiden. Öl in einer Pfanne erhitzen und die Leberknödel-Pattys rösten.

4 Die Laugenbrötchen öffnen und kurz auf dem Grill rösten.

5 Nun das Zwiebelrelish auf den unteren Seiten der Brötchen verteilen, das Patty darauflegen und eine Scheibe Käse daraufgeben. Den Laugenbrötchen-Deckel auflegen.

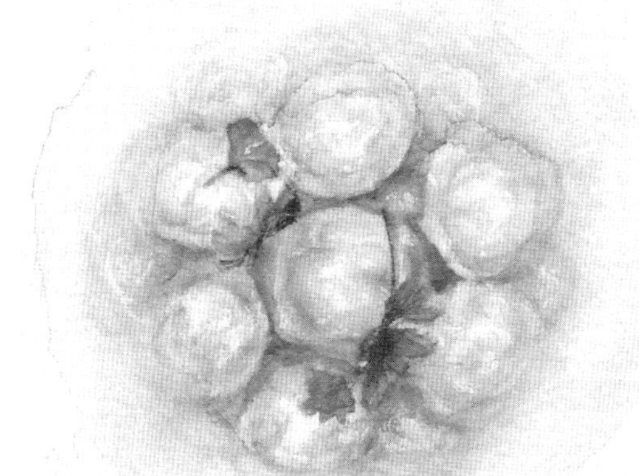

SEMMELKNÖDEL MIT PUTENFILET UND RAHMSAUCE

4 Port.

55 Min.

Leicht

Zutaten

8 Semmelknödel (s. Grundrezepte)
250 g Champignons, braun
400 g Putenfilet
200 ml Sahne
1 Zwiebel
100 ml Rinderbrühe
100 ml Weißwein
1 TL Salz
½ TL Paprikapulver, edelsüß
½ TL Pfeffer
Öl

Nährwerte p. P.

1.071 kcal
113 g Kohlenhydrate
29 g Fett
74 g Eiweiß

1 Heizen Sie den Backofen auf Ober-/Unterhitze und 70 °C vor.

2 Bereiten Sie die Semmelknödel nach dem Rezept in den Grund-rezepten hier im Kochbuch zu.

3 Das Fleisch waschen und mit Salz, Paprikapulver und Pfeffer würzen. Öl in einer Pfanne erhitzen und das Putenfilet rundherum anbraten. Anschließend in den Ofen geben und bei 70 °C warm halten.

4 Die Champignons putzen und vierteln. Anschließend in der bereits genutzten Pfanne anbraten. Die geschälte Zwiebel fein würfeln und dazugeben.

5 Zum Ablöschen die Rinderbrühe und den Weißwein hinzugießen und ein wenig einkochen lassen.

6 Die Sauce mit Pfeffer und Salz abschmecken. Die Sauce auf die Teller verteilen, jeweils 2 Knödel platzieren, das Fleisch schräg aufschneiden und daneben anrichten.

KARTOFFELKNÖDEL AN SCHWEINESCHNITZEL

4 Port. 35 Min. Leicht

Zutaten

8 Kartoffelknödel (s. Grundrezepte)
600 g Schweineschnitzel
400 g Buschbohnen
10 g Schnittlauch
2 EL Öl
Salz und Pfeffer
2 EL Butter
5 EL Frischkäse
300 ml Rinderbrühe

Nährwerte p. P.

677 kcal
90 g Kohlenhydrate
15 g Fett
45 g Eiweiß

1 Die Kartoffelknödel wie in den Grundrezepten beschrieben zubereiten.

2 Die Schweineschnitzel waschen, den Schnittlauch ebenfalls waschen und in Röllchen schneiden. Die gewaschenen Bohnen von den Enden befreien und einmal durchschneiden.

3 2 EL Öl in einer Pfanne erhitzen. Das Fleisch salzen und rundherum in der Pfanne anbraten. Herausnehmen, pfeffern und mit Alufolie abdecken.

4 Den Bratensatz in der Pfanne mit Rinderbrühe aufgießen und zum Kochen bringen. Die Stufe herunterdrehen und 10 Minuten köcheln lassen.

5 2 EL Butter in einem Topf schmelzen lassen, die Bohnen hineingeben und leicht anbraten. Salzen und pfeffern.

6 Die Sauce herunternehmen, den Frischkäse unterrühren, salzen und pfeffern. Die Schweineschnitzel in die Sauce legen und 3 Minuten aufwärmen.

7 Die Kartoffelknödel auf den Tellern anrichten, Bohnen und Schnitzel darum platzieren.

ÜBERBACKENE SAHNEKNÖDEL

4 Port.

40 Min.

Leicht

Zutaten

12 Kartoffelknödel (s. Grundrezepte)
250 g Schinkenwürfel
Öl
100 g Käse, gerieben
600 ml Sahne
1 EL Mehl
1 Zwiebel
Pfeffer und Salz
Muskat

Nährwerte p. P.

1.288 kcal
61 g Kohlenhydrate
88 g Fett
58 g Eiweiß

1 Den Backofen auf Ober-/Unterhitze und 180 °C vorheizen.

2 Die geschälte Zwiebel würfeln. Öl in einer Pfanne erhitzen und die Schinkenwürfel darin anbraten. Die Hitze herunterdrehen, die Zwiebelwürfel hinzugeben und dünsten.

3 Das Mehl unterrühren, die Sahne hinzugeben. Alles gut verrühren. Ein wenig köcheln lassen. Mit Muskat, Pfeffer und Salz würzen.

4 Fetten Sie eine Auflaufform ein und legen die Kartoffelknödel hinein. Die Knödel mit der Sauce übergießen und den Käse darüber verteilen.

5 20 Minuten im Backofen überbacken.

KASSELERKNÖDEL MIT SAUERKRAUT

5 Port.

30 Min.

Leicht

Zutaten

2 Eier
800 g Kartoffeln
300 g Mehl
Prise Salz
2 Kasseler
1 Zwiebel
500 g Sauerkraut
Butter

Nährwerte p. P.

462 kcal
71 g Kohlenhydrate
8 g Fett
20 g Eiweiß

1 Wenn möglich, die Kartoffeln am Abend zuvor noch kochen. Die Kartoffeln dann pellen und durch eine Kartoffelpresse drücken. Eier, Salz und Mehl zufügen und alles gut verkneten. Das Fleisch in kleine Würfel schneiden.

2 Formen Sie aus dem Kartoffelteig eine Rolle und schneiden diese in Scheiben. Die Scheiben ein wenig platt drücken und mit 1 EL Kasseler befüllen. Das Fleisch mit dem Teig ummanteln und einen Knödel formen.

3 Salzwasser zum Kochen bringen und die Knödel darin 15 Minuten garen.

4 Wasser zum Sauerkraut in einen Topf geben und zum Kochen bringen.

5 Die Zwiebel schälen und in feine Würfel schneiden. Mit ein wenig Butter in einer Pfanne anbraten.

6 Gießen Sie das Sauerkraut ab und geben die Zwiebeln dazu. Mit den fertigen Kasselerknödeln servieren.

KARTOFFELKNÖDEL MIT EXOTISCHEM GESCHNETZELTEN

4 Port.

45 Min.

Mittel

Zutaten

8 Kartoffelknödel (s. Grundrezepte)
1 Bund Frühlingszwiebeln
2 EL Butterschmalz
500 g Schweinegeschnetzeltes
2 EL Maismehl
½ TL Currypulver
300 g Aprikosen
30 g Mandelstifte
100 Trauben, kernlos
2 EL Sojasauce
1 Ingwer, ca. 3 cm
Salz und Pfeffer
1 EL Agavendicksaft
200 ml Wasser

Nährwerte p. P.

394 kcal
38 g Kohlenhydrate
10 g Fett
33 g Eiweiß

1 Die Kartoffelknödel nach Rezept im Kapitel Grundrezepte zubereiten. Die Frühlingszwiebeln waschen und in kleine Röllchen schneiden.

2 Das Geschnetzelte in Mehl wälzen. Butterschmalz in einer hohen Pfanne erhitzen und das Fleisch darin scharf anbraten. Die klein geschnittenen Frühlingszwiebeln dazugeben. Pfeffer, Salz und Currypulver unterrühren.

3 Schälen Sie den Ingwer und hacken diesen ganz fein. Auch dieser darf nun in die Pfanne gegeben werden. 200 ml Wasser hinzugießen und den Deckel auflegen. 30 Minuten garen. Hin und wieder umrühren.

4 Eine weitere Pfanne ohne Zugabe von Öl erhitzen und die Mandeln darin rösten und anschließend herausnehmen.

5 Achteln Sie die Aprikosen und entfernen Sie die Kerne, die Trauben halbieren. Butter in der Pfanne schmelzen lassen und die Aprikosen anbraten. Mit Sojasauce verfeinern. Die Aprikosen gemeinsam mit dem Agavendicksaft und den Trauben unter das Fleisch geben.

6 Das Geschnetzelte auf die Teller verteilen, die Knödel darauf platzieren und alles mit Mandeln bestreuen.

SEMMELKNÖDEL MIT RINDFLEISCHRAGOUT

4 Port. | 1 Std. 40 Min. | Mittel

Zutaten

8 Semmelknödel (s. Grundrezepte)
600 g Rindfleisch
6 kleine Zwiebeln
200 g Knollensellerie
200 g Möhren
1 EL Tomatenmark
2 EL Butterschmalz
1 EL Paprikapulver, edelsüß
250 ml Malzbier
1 TL Kümmel
1 EL Essig
2 Thymianzweige
Pfeffer und Salz

Nährwerte p. P.

771 kcal
78 g Kohlenhydrate
29 g Fett
48 g Eiweiß

1 8 Semmelknödel nach dem Rezept für Semmelknödel im Kapitel Grundrezepte zubereiten.

2 Schneiden Sie das Fleisch in 2 cm große Würfel. Die geschälte Zwiebel ebenfalls fein würfeln. Schälen Sie den Sellerie und die Möhren und schneiden diese klein.

3 In einem Topf Butterschmalz zergehen lassen und die Fleischwürfel darin scharf anbraten. Anschließend herausnehmen und im Bratfett die Zwiebeln, den Sellerie und die Möhren dünsten. Tomatenmark dazugeben. Mit Paprikapulver würzen, Thymianzweige hineinlegen.

4 Kümmel unterrühren und zum Ablöschen Malzbier dazugießen. Den Deckel auflegen, die Hitze reduzieren und 1 Stunde schmoren. Salzen, pfeffern und mit Essig abschmecken. Mit den Knödeln servieren.

GEFÜLLTE KARTOFFELKNÖDEL

4 Port.

30 Min.

Leicht

Zutaten

800 g Kartoffeln
30 g Weizengrieß
1 Ei
250 g Mehl
400 g Bratenreste oder Wurstreste, fein gehackt
1 Zwiebel
Pfeffer und Salz
Petersilie
Öl

Nährwerte p. P.

1.840 kcal
260 g Kohlenhydrate
57 g Fett
61 g Eiweiß

1 Die Kartoffeln in heißem Wasser weich kochen, anschließend pellen und durch eine Kartoffelpresse drücken. Nicht auskühlen lassen.

2 Den warmen Kartoffelbrei mit Grieß, Ei, Mehl und Salz zu einem Teig verkneten. Eine Rolle formen und 10 gleich große Stücke daraus schneiden.

3 Die geschälte Zwiebel fein hacken und in einer Pfanne mit etwas Öl dünsten. Die Bratenreste mit den Zwiebeln, Salz, gehackter Petersilie und Pfeffer vermischen und Kugeln so groß wie Walnüsse formen.

4 Drücken Sie die Teigstücke platt, legen jeweils eine Fleischkugel hinein und ummanteln diese mit dem Kartoffelteig.

5 Salzwasser zum Kochen bringen und die Fleischknödel darin garen.

ORIENTALISCHE FLEISCH-KNÖDEL-PFANNE

4 Port.

35 Min.

Mittel

Zutaten

2 Knoblauchzehen, gehackt
15 Oliven, mit Paprika gefüllt, in feinen Scheiben
2 Bananen, in Scheiben
10 Kirschtomaten, halbiert
500 g Hackfleisch, halb/halb
2 Äpfel, in Scheiben
2 EL Zwiebelringe
2 EL Sultaninen
1 Beutel Mandeln, gehackt
1 EL Zitronensaft
2 Beutel Mini-Knödel
4 Frühlingszwiebeln
4 EL Öl
1 Msp. Zimt
1 Msp. Nelke
Prise Cayennepfeffer
Salz

Nährwerte p. P.

1.566 kcal
76 g Kohlenhydrate
101 g Fett
75 g Eiweiß

1 Salz und Knoblauch vermengen und in einer Pfanne etwas Öl heiß werden lassen. Den Knoblauch und die Zwiebeln darin dünsten. Geben Sie das Hackfleisch dazu und braten dieses unter mehrmaligem Wenden an. Mit Salz würzen.

2 Sultaninen, Oliven, Mandeln und Äpfel zum Hackfleisch hinzufügen. 8 Minuten garen. Die Bananenscheiben und die Tomaten untermengen. Mit Zitronensaft, Cayennepfeffer, Zimt, Nelke und Salz abschmecken.

3 In der Zwischenzeit die Knödel nach Packungsanleitung zubereiten.

4 Die Knödel abschließend zur Hackpfanne geben, vermischen und mit klein geschnitten Frühlingszwiebeln garnieren.

FLEISCHKNÖDEL MIT LAUCHBRÜHE

4 Port.

55 Min.

Leicht

Zutaten

Knödel
1 kg Kartoffeln, mehligkochend
1 Zwiebel
400 g Schweinehackfleisch
4 EL Rapsöl
Pfeffer und Salz
Muskat

Suppe
1 Schalotte
3 Stangen Lauch (den hellen Teil)
300 g gegartes Schweinefleisch
150 ml Sahne
750 ml Gemüsebrühe
2 EL Butter
2 EL Schnittlauch
Cayennepfeffer, Salz und weißer Pfeffer

Nährwerte p. P.

759 kcal
52 g Kohlenhydrate
39 g Fett
44 g Eiweiß

1 300 g geschälte Kartoffeln in kochendes Salzwasser geben und 30 Minuten weich kochen. Die geschälten Zwiebeln in feine Würfel schneiden. Öl in einer Pfanne erhitzen und das Hackfleisch darin anbraten. Die Zwiebel beimengen und alles mit Pfeffer und Salz abschmecken.

2 Die übrigen geschälten Kartoffeln reiben, in ein Küchentuch füllen und über einer Schüssel ausdrücken. Die austretende Stärke setzt sich nach und nach am Boden ab. Dann das Wasser sachte abgießen und die Stärke mit den Kartoffeln vermischen.

3 Die weichen Kartoffeln abseihen und durch eine Presse drücken. Diese mit den geriebenen Kartoffeln vermischen. Muskat und Salz dazugeben und alles verkneten.

4 Eine kleine Portion Hackfleisch zu einem Ball formen und mit einer Portion des Teiges ummanteln. Den Rest des Fleisches und des Teiges ebenfalls auf diese Weise verarbeiten. Salzwasser zum Sieden bringen und die Knödel darin 20 Minuten garen.

5 Den gewaschenen Lauch in Ringe schneiden. Die geschälten Zwiebeln in feine Würfel schneiden. Die geschälten Kartoffeln ebenfalls in Würfel schneiden. Butter in einem Topf zergehen lassen und die Schalotten darin dünsten. Lauch hinzugeben und ein wenig anschwitzen, anschließend ⅓ herausnehmen. Mit Sahne und Brühe ablöschen. Kartoffeln hinzufügen und alles mit Pfeffer und Salz abschmecken. Unter mehrmaligem Wenden 20 Minuten köcheln lassen.

6 Das Fleisch klein schneiden, die Suppe passieren. Mit Cayennepfeffer und Salz abschmecken. Die letzten Lauchringe hinzugeben und auch die Fleischwürfel hineingeben. Die Suppe auf Teller verteilen, jeweils 2 Knödel hineinlegen und mit Schnittlauch bestreuen.

Hauptspeisen mit Fisch

LACHS MIT KNÖDELTALERN

 4 Port.

 30 Min.

 Leicht

Zutaten

300 ml Fischfond
2 EL Öl
4 Semmelknödel (s. Grundrezepte), frisch oder vom Vortag
100 g Frischkäse
5 EL lösliche Haferflocken
1 Bund Frühlingszwiebeln
500 g Lachsfilet
Pfeffer und Salz

Nährwerte p. P.

1.183 kcal
74 g Kohlenhydrate
64 g Fett
73 g Eiweiß

1 Die Semmelknödel in Scheiben schneiden. Den Fisch waschen und bei Bedarf Gräten entfernen. Anschließend in Streifen schneiden.

2 Die gewaschenen Frühlingszwiebeln in Ringe schneiden und in heißem Öl in einer Pfanne dünsten. Zum Ablöschen den Fond dazugeben und einmal zum Kochen bringen.

3 Geben Sie den Frischkäse und die Haferflocken zu den Zwiebeln und verrühren es. Die Lachsstreifen dazugeben und 5 Minuten ziehen lassen.

4 Die Knödelscheiben in einer weiteren Pfanne mit etwas Öl von beiden Seiten anbraten. Auf die Teller verteilen.

5 Das Lachsgeschnetzelte salzen und pfeffern und auf den Knödeltalern verteilen.

LACHS AUF KNÖDEL MIT BROKKOLI

4 Port. | 35 Min. | Mittel

Zutaten

2 Semmelknödel (s. Grundrezepte)
1 EL Tomatenmark
1 Brokkoli
600 g Lachsfilet
100 g Butter, streichzart
Pfeffer und Salz
½ TL Chiliflocken

Nährwerte p. P.

1.198 kcal
34 g Kohlenhydrate
81 g Fett
79 g Eiweiß

1 Die Knödel wie in den Grundrezepten in diesem Kochbuch beschrieben zubereiten.

2 Den Brokkoli in kleine Röschen schneiden und in einem Sieb abwaschen. Gut abschütteln und in einem Mixer pürieren. In einem Topf mit etwas Wasser anschließend dünsten.

3 Die Knödel in Scheiben schneiden und mit etwas Butter in einer Pfanne rundherum rösten.

4 Die Butter mit Chili und Tomatenmark vermengen. Den Lachs in der Pfanne anbraten.

5 Den Brokkoli auf die Teller verteilen, jeweils zwei Scheiben Knödel übereinanderlegen, den Lachs darauflegen und die Butter nebendran.

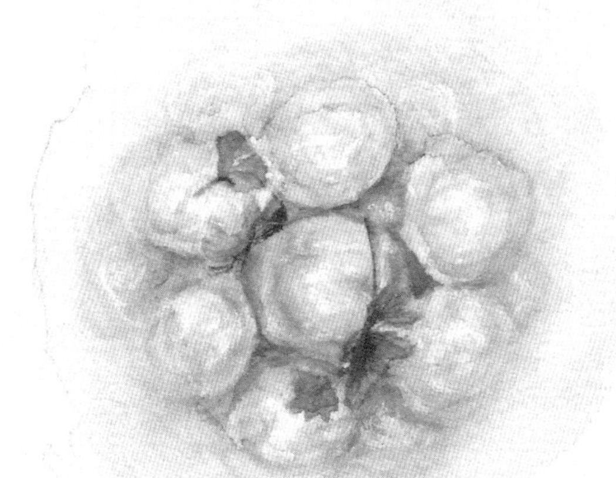

SPINATKNÖDEL MIT ZANDER

4 Port. 45 Min. Leicht

Zutaten

3 Brötchen, vom Vortag
2 Eier
100 g Hartweizengrieß
180 ml Gemüsebrühe
250 g Blattspinat mit Zwiebel, TK
4 Zanderfilets
5 EL Butter
2 EL geriebenen Bergkäse
1 Zitrone
Pfeffer und Salz
3 EL Petersilie, gehackt

Nährwerte p. P.

375 kcal
40 g Kohlenhydrate
17 g Fett
12 g Eiweiß

1 Die Brötchen sehr klein schneiden. Den Spinat in einem Topf 3 Minuten dünsten. Die Brühe zum Spinat geben und den Grieß langsam einrühren und für 1 Minute aufquellen lassen.

2 Den Spinat-Mix mit den Brötchenwürfeln und den Eiern verkneten. Mit Pfeffer und Salz würzen.

3 Salzwasser zum Kochen bringen. Den Knödelteig zu 8 Knödeln formen und diese ins siedende Wasser gleiten lassen. 15 Minuten bei geringer Hitze garen.

4 Den Fisch waschen und mit Pfeffer und Salz würzen. 1 EL Butter in einer Pfanne bei mittlerer Hitze schmelzen lassen und den Zander rundherum anbraten. Die Pfanne an die Seite stellen und den Zander auf die Teller verteilen. 3 - 4 EL Butter in der warmen Pfanne schmelzen und den Saft von der Hälfte der Zitrone hineindrücken.

5 Beträufeln Sie den Zander mit der Zitronenbutter und platzieren die Knödel daneben. Mit Käse, Petersilie und Zitronenspalten garnieren.

NORDISCHE KNÖDELPFANNE

4 Port. 35 Min. Leicht

Zutaten

10 kleine Kartoffelknödel (s. Grundrezepte)
2 Stangen Lauch
125 g Lachsfilet
1 Zwiebel
100 g Räucherlachs, am Stück
2 EL Mehl
1 Zitrone
150 g Pangasiusfilet
400 ml Fischfond
2 EL Öl
150 g kleine Shrimps
1 Bund Dill
Salz und Pfeffer
150 g Kochcreme

Nährwerte p. P.

1.062 kcal
45 g Kohlenhydrate
65 g Fett
67 g Eiweiß

1 Die Kartoffelknödel nach dem Rezept im Kapitel Grundrezepte zubereiten.

2 Die geschälte Zwiebel fein würfeln. Den Lauch waschen und in feine Ringe schneiden. Den Räucherlachs in Würfel schneiden. Die anderen beiden Fischsorten ebenfalls klein schneiden. Den Saft der Zitrone auspressen und die Fischstücke damit beträufeln. 5 Minuten ziehen lassen. Anschließend in Mehl wenden.

3 Öl in einer Pfanne heiß werden lassen und die Fischstücke rundherum anbraten. Danach herausnehmen und warm halten.

4 Die Lauchringe und die Zwiebeln im Bratfett dünsten. Kochcreme, Fischfond und die fertigen Kartoffelknödel hinzugeben. Den Deckel auflegen und 8 Minuten garen.

5 Shrimps, Fischstücke und Räucherlachs untermengen und einmal aufkochen lassen.

6 Den Dill klein schneiden und die Sauce mit Pfeffer, Salz, Zitronensaft und Dill würzen.

MINIKNÖDEL MIT GARNELEN

4 Port.

45 Min.

Leicht

Zutaten

8 Kartoffelknödel (s. Grundrezepte)
150 ml Kochsahne
1 Zwiebel
400 ml Fischfond
2 Knoblauchzehen
150 ml Weißwein
2 EL Olivenöl
18 Garnelen
2 Briefchen Safran
4 EL Zitronensaft
2 Bund Lauchzwiebeln
2 EL Butter
Pfeffer und Salz

Nährwerte p. P.

1.096 kcal
99 g Kohlenhydrate
60 g Fett
33 g Eiweiß

1 Die Kartoffelknödel nach dem Rezept im Kapitel Grundrezepte zubereiten. Allerdings nicht in Wasser kochen. Sie werden später in der Pfanne gegart.

2 Zwiebel und 2 Knoblauchzehen schälen und in feine Würfel schneiden. 1 EL Öl in einer Pfanne heiß werden lassen, die Zwiebeln und die halbe Portion des Knoblauchs darin andünsten. 100 ml Weißwein, Fischfond, Safran und Sahne hinzufügen und zum Kochen bringen. Die kleinen Kartoffelknödel dazugeben und mitgaren.

3 Die Garnelen putzen und die Schale entfernen. Den Garnelenschwanz allerdings nicht abschneiden. Den Darm herausziehen. Die Lauchzwiebel klein schneiden. 1 EL Öl in einer Pfanne erhitzen und die Garnelen rundherum anbraten. Den restlichen Knoblauch, Lauchzwiebeln, 50 ml Weißwein und 4 EL Zitronensaft hinzugeben und mit Pfeffer und Salz abschmecken.

4 Die Lauchzwiebeln und die Garnelen herausnehmen und warm halten. Den Sud den Knödeln untermengen, mit 2 EL Butter verfeinern. Alles zusammen anrichten.

FISCHKNÖDEL

4 Port.

45 Min.

Mittel

Zutaten

150 g Zucchini
150 g Möhren
2 Eier
500 g Schollenfilets
1 Knoblauchzehe
2 EL Zitronensaft
3 EL Sonnenblumenöl
1 Feldsalat
2 EL Olivenöl
4 EL Apfelessig
10 Petersilienblätter
Salz und Pfeffer

Nährwerte p. P.

499 kcal
8 g Kohlenhydrate
27 g Fett
53 g Eiweiß

1 Möhren und Zucchini schälen und raspeln. Den geschälten Knoblauch fein hacken. Den Fisch säubern.

2 Eier trennen, Eigelb an die Seite stellen und Eiweiß und Fisch in einem Mixer pürieren. Anschließend in einer Schüssel mit Knoblauch, Eigelb, 1 EL Zitronensaft, Pfeffer, Salz und Gemüseraspeln vermengen.

3 Wasser mit Salz zum Kochen bringen und aus dem Fischknödelteig 12 Knödel formen. Die Temperatur des Wassers reduzieren und die Knödel darin 6 Minuten garen. Anschließend abschöpfen.

4 Den Salat waschen. Essig, Pfeffer und Salz vermischen und mit beiden Ölen verrühren. Die Petersilie hacken. Den Salat mit der Sauce anmachen und auf die Teller verteilen. Die Fischknödel darauf anrichten und mit der Petersilie bestreuen.

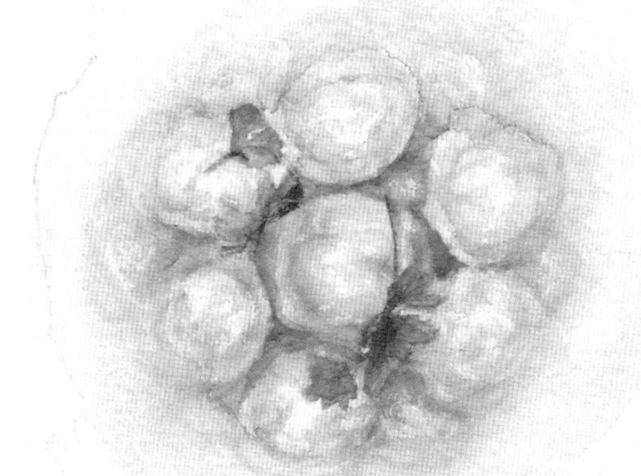

LACHSKNÖDEL MIT KAROTTENSAUCE

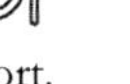
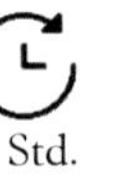

4 Port. | 1 Std. 30 Min. | Mittel

Zutaten

2 Eier
500 g Quark
60 g Butter
2 Eigelbe
350 g Lachsforellenfilets
200 g Weizengrieß
50 g Zwiebeln
2 EL frische Kräuter
3 EL Zitronensaft
40 g Ingwer
400 ml Karottensaft
100 ml Weißwein
2 EL Butter
Pfeffer und Salz
Schale einer halben Zitrone

Nährwerte p. P.

1.919 kcal
109 g Kohlenhydrate
111 g Fett
105 g Eiweiß

1 60 g Butter, Quark, Eigelbe, Eier, Zitronenschale und Prise Salz miteinander verrühren. Den Grieß untermengen und alles zudecken. Für 1 Stunde in den Kühlschrank stellen.

2 Die Lachsforelle in 2 cm dicke Stücke schneiden. Pfeffer, Salz, Zitronensaft und Kräuter vermischen und den Fisch beimengen. Ebenfalls abdecken und 20 Minuten ziehen lassen.

3 Den Ingwer und die Zwiebeln schälen, fein hacken und in 2 EL Butter dünsten. Den Wein und den Karottensaft zum Ablöschen dazugeben und bei niedriger Stufe 10 Minuten köcheln lassen. Abschließend pürieren.

4 Die Füllung und den Teig zu 16 Portionen teilen. Den Teig zu Kugeln formen und zu Scheiben platt drücken. Diese Teller mit dem Fisch belegen und anschließend umhüllen.

5 Salzwasser zum Kochen bringen, die Fischknödel darin 10 Minuten garen. Mit einer Schaumkelle abschöpfen und auf der Karottensauce anrichten.

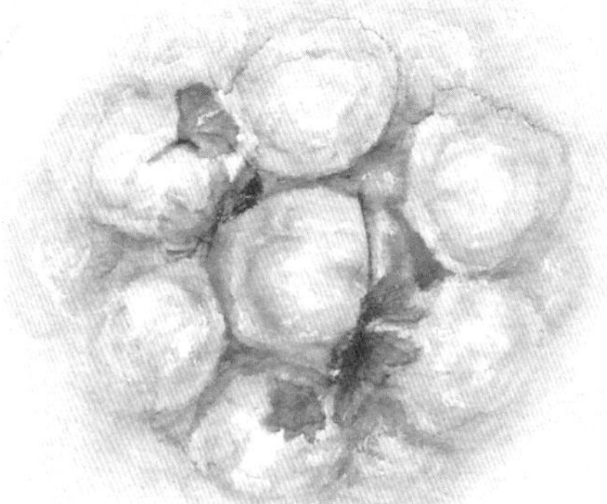

Vegetarische Hauptspeisen

ROTE KNÖDEL MIT SALBEIBUTTER

4 Port.

50 Min.

Leicht

Zutaten

Knödel
400 g Knödelbrot
250 g Rote Bete, vorgegart
3 Eier
200 ml Milch
1 Zwiebel
1 TL Koriander
½ TL Pfeffer
1 ½ TL Salz
1 EL Butter

Sauce
50 g Walnüsse
100 g Butter
6 Salbeiblätter
50 g Parmesan

Nährwerte p. P.

424 kcal
124 g Kohlenhydrate
81 g Fett
43 g Eiweiß

1 Die geschälte Zwiebel fein würfeln, Butter in einer Pfanne erhitzen und die Zwiebeln darin glasig dünsten.

2 Die Eier miteinander verquirlen und mit Koriander, Pfeffer und Salz würzen. Erhitzen Sie die Milch und geben diese gemeinsam mit den verquirlten Eiern und den Zwiebeln zum Knödelbrot. Verkneten Sie alles gut miteinander.

3 Die Rote Bete pürieren und dem Knödelteig untermengen. Anschließend 15 Minuten ziehen lassen.

4 Den Backofen auf Umluft und 100 °C vorheizen.

5 Feuchten Sie Ihre Hände an und formen aus dem Teig kleine Knödel. Ein Backblech mit Backpapier belegen und die Knödel darauf platzieren. In den Backofen schieben.

6 Belegen Sie ein zweites Backblech mit Papier und Knödeln und schieben dieses Blech direkt über das erste. 20 Minuten backen lassen.

7 100 g Butter in einer Pfanne erhitzen. Die Nüsse hacken und mit den Salbeiblättern zur Butter geben.

8 Reiben Sie den Parmesan ganz fein. Die Knödel aus dem Backofen holen, auf den Tellern platzieren und mit Butter übergießen, mit Nüssen und Parmesan bestreuen.

ASIATISCHE REISKNÖDEL

4 Port. 45 Min. Leicht

Zutaten

125 g Risottoreis
450 ml Gemüsebrühe
7 EL Öl
2 Frühlingszwiebeln
20 g Ingwerwurzel
1 Peperoni, rot
2 TL Speisestärke
2 Eigelbe
4 EL Sesamsaat
½ Bund Koriander
Pfeffer und Salz

Nährwerte p. P.

664 kcal
53 g Kohlenhydrate
43 g, Fett
13 g Eiweiß

1 Kochen Sie die Brühe auf und schütten den Risottoreis hinein. Bei geringer Hitze ohne Deckel so lange köcheln lassen, bis die Brühe aufgesogen ist. Hin und wieder umrühren. Den Reis in einer Schüssel auskühlen lassen.

2 Die Frühlingszwiebeln klein schneiden, die Kerne aus der Peperoni entfernen und ebenfalls fein hacken. Den geschälten Ingwer reiben und alle drei Zutaten mit 1 EL Öl in einem Topf andünsten. Anschließend mit dem Reis vermengen.

3 Den Koriander hacken und gemeinsam mit den Eigelben, der Speisestärke und 3 EL Sesam zum Reis hinzufügen und gut miteinander verkneten. Pfeffern und salzen.

4 Die Hände anfeuchten und aus dem Reisknödelteig 12 Knödel formen.

5 6 EL Öl in einer Pfanne heiß werden lassen, die Hitze reduzieren und die Knödel darin anbraten. Herausnehmen, abtropfen lassen und in Sesam wenden.

BUNTES KNÖDELTRIO

4 Port.

1 Std. 30 Min.

Mittel

Zutaten

Grundteig
400 g Knödelbrot
3 Eier
200 ml Milch
1 Zwiebel
1 ½ TL Salz
½ TL Pfeffer
1 EL Butter

Färbung
120 g Sauerkraut
80 g Rote Bete, vorgegart
1 TL Kümmel
Prise Muskat
125 g Spinat, TK
½ Bund Petersilie
½ TL Koriander

Sauce
50 g Parmesan
100 g Butter
Winterlicher Salat
1 Rote Bete
400 g Grünkohl
2 Mandarinen
2 EL Essig
50 g Pinienkerne
1 TL Agavendicksaft
4 EL Olivenöl
Pfeffer und Salz

Nährwerte p. P.

1.842 kcal
137 g Kohlenhydrate
110 g Fett
60 g Eiweiß

1 Den Spinat auftauen lassen. Die geschälte Zwiebel fein würfeln und in heißer Butter in einer Pfanne glasig dünsten. Erwärmen Sie die Milch und verquirlen diese mit Pfeffer, Salz und den Eiern. Geben Sie diese Mischung gemeinsam mit den Zwiebeln zum Brot und verkneten alles gut miteinander. Anschließend gleich große Portionen abtrennen.

2 Den Spinat und die Rote Bete getrennt voneinander pürieren, die Petersilie klein hacken.

3 Geben Sie zu einer Portion Knödelteig Kümmel, Petersilie und das Sauerkraut. Die zweite Portion wird mit Rote Bete und Koriander vermengt und die dritte Portion mit Spinat und einer Prise Muskat. Alle Teigportionen nochmals gut verkneten. Für 15 Minuten stehen lassen.

4 Den Backofen auf Umluft und 180 °C vorheizen.

5 Formen Sie mit angefeuchteten Händen Knödel aus den farbigen Knödelteigen. Ein Backblech mit Backpapier auslegen und die Knödel darauf platzieren. Im Backofen ein zweites Blech direkt über das Knödelblech schieben, 20 Minuten backen.

6 Den Grünkohl klein schneiden und waschen. Die Rote Bete schälen und stifteln. Ohne Zugabe von Öl die Pinienkerne anrösten. Die geschälten Mandarinen in feine Streifen schneiden.

7 Für den Salat aus Agavendicksaft, Öl, Essig, Pfeffer und Salz das Dressing anrühren. Den Grünkohl damit vermengen und durchziehen lassen.

8 100 g Butter in einer Pfanne zergehen lassen und warten, bis sie braun wird. Den Parmesan hineinreiben.

9 Die Mandarinen, die Pinienkerne und die Rote Bete mit dem Grünkohl vermischen und die Knödel aus dem Backofen holen.

10 Von jeder Knödelfarbe einen auf die Teller verteilen und mit der Parmesanbutter übergießen. Den Salat daneben anrichten.

SEMMELKNÖDEL AN RAHMMÖHREN

2 Port.

35 Min.

Mittel

Zutaten

4 Semmelknödel (s. Grundrezepte)
300 g Möhren
1 EL Butter
2 Schalotten
2 Frühlingszwiebeln
1 EL Kerbel
150 g Crème fraîche
Pfeffer, Zucker und Salz

Nährwerte p. P.

730 kcal
56 g Kohlenhydrate
50 g Fett
14 g Eiweiß

1 Die geschälten Möhren in dünne Scheiben schneiden. Die Schalotten schälen und in feine Würfel schneiden.

2 Die Semmelknödel nach dem Rezept im Kapitel Grundrezepte zubereiten.

3 Butter in einer Pfanne schmelzen lassen und die Schalotten andünsten. Die Möhren hinzugeben und anbraten. Zucker, Salz und Pfeffer unterrühren. 5 EL Wasser dazugießen, einen Deckel auflegen und 10 Minuten köcheln lassen.

4 Die Frühlingszwiebel in Röllchen schneiden.

5 Die Möhren mit Crème fraîche verfeinern. Abschließend die Frühlingszwiebeln und Kerbel untermengen.

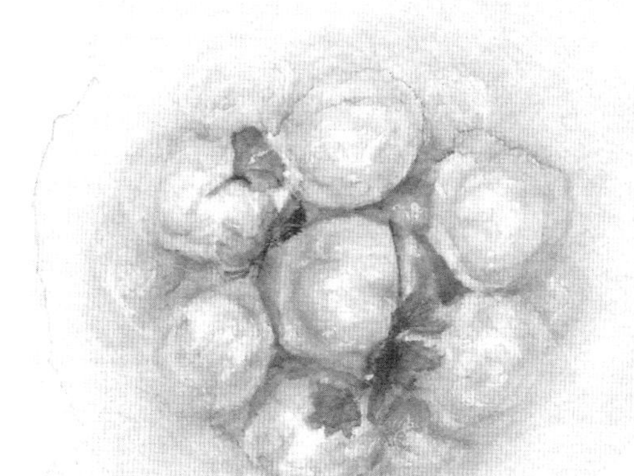

SEMMELKNÖDEL IN KÜRBISGULASCH

2 Port. 40 Min. Mittel

Zutaten

4 Semmelknödel (s. Grundrezepte)
250 g Hokkaidokürbis
100 g Paprika
2 Zwiebeln
3 EL Weißwein
2 EL Öl
1 TL Speisestärke
¼ TL Kreuzkümmel
30 g Butter
1 Knoblauchzehe
400 ml Brühe
100 ml Wasser
2 TL Mehl
Bohnenkraut
Kleine Stück Ingwer
Koriandersaat
1 TL Paprikapulver, geräuchert
150 g Kirschtomaten
Pfeffer und Salz

Nährwerte p. P.

663 kcal
89 g Kohlenhydrate
25 g Fett
15 g Eiweiß

1 Schneiden Sie den Kürbis in 1 cm große Würfel. Die Kürbiswürfel mit Stärke bestäuben.

2 Öl in einer Pfanne erhitzen und den Kürbis darin anbraten. Anschließend in einer Schüssel beiseitestellen.

3 Die geschälten Zwiebeln in feine Streifen schneiden. Die Hitze der Pfanne herunterdrehen und Butter dazugeben. Die Zwiebel darin anbraten.

4 Ingwer und Knoblauch hacken und gemeinsam mit dem Bohnenkraut, Kreuzkümmel und Koriander dazugeben.

5 Erneut die Hitze reduzieren und das Paprikapulver unterrühren.

6 Den Weißwein zum Ablöschen eingießen, die Brühe ebenfalls dazugeben. Die Hitze wieder erhöhen. Mehl und Wasser in einer kleinen Schüssel verrühren. Dieses Gemisch unter stetigem Rühren zur Sauce geben, sodass sie andickt. Einmal zum Kochen bringen und dann mit Pfeffer und Salz abschmecken.

7 Die Paprika in feine Streifen schneiden, die Kirschtomaten halbieren. Kürbis, Tomaten und Paprika in die Sauce geben und 10 Minuten köcheln lassen.

8 Die Semmelknödel auf den Tellern platzieren und das Kürbisgulasch drumherum anrichten.

KNÖDEL CALABRESE

4 Port. 30 Min. Leicht

Zutaten

500 g Knödelbrot
200 ml heiße Suppe
500 ml Tomaten, passiert
1 EL Basilikum
250 g Mozzarella
2 Eier
100 g Parmesan
2 TL getrocknete Tomaten
3 EL Mehl

Nährwerte p. P.

660 kcal
77 g Kohlenhydrate
22 g Fett
36 g Eiweiß

1 Den Mozzarella in kleine Würfel schneiden. Das Knödelbrot in einer Schüssel mit der Suppe übergießen und einweichen lassen. Nach ein paar Minuten den Mozzarella hinzugeben.

2 Verquirlen Sie die Eier mit den Tomaten, schmecken es ab und geben es zu den Brotwürfeln. Je nach Bedarf mit Mehl andicken und alles gut verkneten.

3 Mit angefeuchteten Händen Knödel formen. Wasser mit Salz in einem großen Topf erhitzen und die Knödel in siedendem Wasser garen.

4 Mit Parmesan und den getrockneten Tomaten bestreuen.

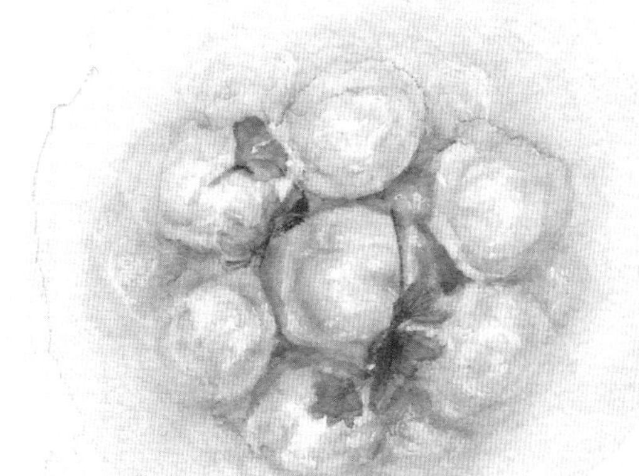

GEBRATENE GEMÜSEKNÖDEL

3 Port.

1 Std.

Leicht

Zutaten

300 g Brötchen, vom Vortag
100 g rote Paprika
100 g Möhren
50 g Erbsen
100 g Brokkoli
75 g Zwiebeln, rot
100 g Mais
3 Eier
175 ml Milch
2 EL Rapsöl
10 g Petersilie, glatt
Pfeffer und Salz, Muskat
Butter

Nährwerte p. P.

514 kcal
68 g Kohlenhydrate
15 g Fett
20 g Eiweiß

1 Die Brötchen in Würfel schneiden. Das Gemüse bei Bedarf schälen und alles in kleine Würfel schneiden oder in kleine Stücke teilen.

2 In einer Pfanne Öl heiß werden lassen und Paprika, Möhren und Zwiebel darin dünsten. Anschließend das übrige Gemüse 10 Minuten mitdünsten. Pfeffern und salzen und dann zu den Brotwürfeln geben.

3 Eier in Milch aufschlagen. Die Petersilie fein hacken und mit Pfeffer, Muskat und ½ TL Salz zur Milch-Ei-Mischung geben, verrühren und über die Brötchen gießen. Mit den Händen verkneten und 20 Minuten ruhen lassen.

4 Den Teig in zwei gleichmäßige Portionen teilen. Zwei große Stücke Frischhaltefolie bereitlegen und die Teigportionen darauf platzieren und eine Rolle formen. Mit der Folie umwickeln und die Enden verknoten.

5 Salzwasser zum Sieden bringen und die Teigrollen 40 Minuten ziehen lassen.

6 Die Knödel in Scheiben schneiden und nochmals in heißer Butter in einer Pfanne anbraten.

ÜBERBACKENE KARTOFFELKNÖDEL TOSKANA

4 Port. 1,5 Std. Leicht

Zutaten

500 g Kartoffeln, mehligkochend
5 EL Sahne
50 g Grieß
100 g Feta-Käse
1 TL Salz
100 g Kartoffelstärke
Öl
250 g Gemüse nach Belieben (z. B.: Zucchini, Paprika, Blattspi-nat, Zwiebeln)
Salz und Pfeffer

Nährwerte p. P.

351 kcal
53 g Kohlenhydrate
9 g Fett
10 g Eiweiß

1 Die Kartoffeln in Salzwasser gar kochen. Das Gemüse in kleine Würfel schneiden und in Öl scharf anbraten. Salzen, pfeffern und auskühlen lassen.

2 Die Kartoffeln pellen und durch eine Kartoffelpresse drücken. Grieß, Salz und ⅔ Kartoffelstärke dazugeben und alles gut verkneten.

3 Eine Arbeitsfläche mit Mehl bestäuben und den Teig darauf ausbreiten (ein Rechteck formen). Die Gemüsefüllung darauf verteilen und würzen. Zu einer Rolle aufwickeln.

4 Mithilfe einer Teigkarte 4 cm dicke Scheiben abschneiden. Diese Stücke dann in einer Auflaufform nebeneinander anordnen. Die Sahne darüber verteilen. Mit zerbröseltem Feta bestreuen. Bei 200 °C 30 Minuten backen.

ITALIENISCHE SEMMELKNÖDEL

4 Port.

1 Std.
10 Min.

Mittel

Zutaten

Knödel
300 ml Milch
1 Ciabatta, vom Vortag
3 Eier
1 Bund Basilikum
130 g Parmesan
180 g getrocknete Tomaten
1 EL italienische Kräuter
Pfeffer und Salz

Ragout
1 Zucchini
1 Aubergine
2 Knoblauchzehen
2 rote Zwiebeln
800 g Tomaten aus der Dose, ganz
4 EL Olivenöl
4 EL Balsamicoessig
2 EL italienische Kräuter
½ TL Peperoncino
Pfeffer und Salz

Nährwerte p. P.

1.084 kcal
68 g Kohlenhydrate
63 g Fett
55 g Eiweiß

1 Den Backofen auf Umluft und 180 °C vorheizen. Den Knoblauch und die Zwiebel ganz fein hacken.

2 Die Aubergine und die Zucchini in dünne Scheiben schneiden. Eine Auflaufform mit den Dosentomaten füllen, mit Pfeffer, Salz, Kräutern, Olivenöl und Balsamicoessig würzen.

3 Knoblauch und Zwiebel untermengen und die Auberginenscheiben und Zucchinischeiben darauf schichten. Das Gemüse 30 Minuten im Ofen garen.

4 Für die Knödel die Milch leicht erhitzen. Das Ciabatta grob würfeln und in eine große Schüssel geben. Die Milch darübergießen und die Eier hineinschlagen.

5 Das Basilikum und die getrockneten Tomaten klein hacken und zu den Brotwürfeln geben. Mit Salz, Pfeffer und Kräutern abschmecken und gut verkneten. Den Parmesan unterkneten. Den Teig zu 10 Knödeln formen.

6 Belegen Sie ein Backblech mit Backpapier und geben die Knödel darauf. Ebenfalls in den Backofen schieben und 20 Minuten mitgaren.

7 Das Ragout auf tiefe Teller verteilen und die Knödel hineinsetzen.

ROTE-BETE-KNÖDEL

 12 Port.

 1,5 Std

 Mittel

Zutaten

4 Brötchen, vom Vortag
200 ml Gemüsebrühe
250 g Rote Bete
1 TL Butter
1 Knoblauchzehe
2 Schalotten
50 g Kartoffelstärke
2 Eier
1 TL Kümmel
Pfeffer und Salz
2 EL Butter, für die Brösel
1 Bund Petersilie

Meerrettich-Sauce
1 TL Butter
20 g Kartoffelstärke
1 Schalotte
200 ml Gemüsebrühe
1 TL Zitronensaft
Zucker, Salz, Pfeffer

Nährwerte p. P.

106 kcal
16 g Kohlenhydrate
3 g Fett
2 g Eiweiß

1 Die Brötchenrinde von 2 Brötchen reiben und an die Seite stellen. Alle Brötchen anschließend in Würfel schneiden.

2 Die Rote Bete mindestens 60 Minuten garen und anschließend abschrecken und schälen. Mit einer Reibe grob raspeln. Die Gemüsebrühe mit der Roten Bete pürieren.

3 Butter in einer Pfanne erhitzen. Die geschälten Schalotten würfeln und den Knoblauch fein hacken. Beides in der Pfanne dünsten.

4 Eier, Schalotten-Knoblauch-Mix, Rote-Bete-Mischung, Petersilie und Kartoffelstärke miteinander vermischen. Mit Kümmel, Pfeffer und Salz würzen und für 30 Minuten ruhen lassen.

5 Den Knödelteig durchkneten und mit angefeuchteten Händen 10 Knödel formen.

6 Salzwasser zum Sieden bringen und die Knödel darin 10 Minuten ziehen lassen.

7 Die Brötchenbrösel aus Schritt 1 in einer Pfanne mit aufgeschäumter Butter rösten und über die fertigen Knödel streuen.

8 Für die Meerrettich-Sauce einen Topf mit Butter erhitzen, bis die Butter schaumig ist. Die Schalottenwürfel dünsten und mit Kartoffelstärke anschwitzen. Mit Gemüsebrühe ablöschen und aufkochen lassen. 10 Minuten einkochen lassen.

9 Die Sauce pürieren, mithilfe eines Siebes verfeinern und mit Pfeffer, Salz, Zitronensaft und Zucker würzen. Die Sauce wie einen Spiegel auf die Teller platzieren und die Knödel mit den Bröseln darauf verteilen.

SPINATKNÖDEL AUF PILZRAHMSAUCE

1 Port.

1 Std.

Leicht

Zutaten

4 Brötchen, vom Vortag
60 g Butter
3 Eier
200 ml Milch
50 g Bergkäse
2 EL Mehl
100 g Spinat
1 Zwiebel
Pfeffer, Salz und Muskat

Sauce
350 g Champignons
60 g Butter
1 Zwiebel
1 EL Salz und Pfeffer
1 Bund Petersilie, glatt
200 ml Waldpilzfond
200 ml Weißwein, trocken
2 EL Mehl
200 ml Sahne
Butter zum Anbraten

Nährwerte p. P.

2.904 kcal,
168 Kohlenhydrate
195 g Fett
74 g Eiweiß

1 Die Brötchen würfeln. Die geschälte Zwiebel ebenfalls fein würfeln. In einer Pfanne Butter erhitzen und die Zwiebel gemeinsam mit dem gehackten Spinat dünsten. Mit der Milch ablöschen.

2 Diese Mischung über die Brotwürfel gießen, durchmengen und mit dem Käse, 3 Eiern und 2 EL Mehl verkneten. Mit Pfeffer, Salz und Muskat abschmecken.

3 Die Pilze putzen und in feine Scheiben schneiden. Die Zwiebel für die Sauce schälen und in feine Würfel schneiden und in heißer Butter dünsten. Die Pilze dazugeben und mit Mehl bestäuben und alles gut verrühren.

4 Mit Wein ablöschen und erneut durchrühren. Sahne und Fond unterrühren, salzen und pfeffern. Die Temperatur herunterdrehen und 20 Minuten köcheln.

5 Wasser in einem Topf zum Kochen bringen und währenddessen 9 Knödel formen. Das kochende Wasser vom Herd nehmen, die Knödel hineingeben und 20 Minuten ziehen lassen.

6 2 Petersilienstängel hacken und zur Sauce geben.

7 In einer Pfanne Butter schmelzen lassen, die Knödel aus dem Wasser schöpfen und in der Pfanne anbraten.

8 Mit der Pilzrahmsauce servieren.

KÄSEKNÖDEL AN SPITZKOHLSALAT

 4 Port.  1 Std.  Mittel

Zutaten

Knödel
200 ml Milch
1 Zwiebel
1 TL Weinsteinbackpulver
1 EL Mehl
300 g Brötchen, vom Vortag
75 g Bergkäse
1 EL Semmelbrösel
4 Eier
1 EL Butter
1 Bund Petersilie, glatt
75 g Emmentaler
Pfeffer und Salz

Salat
60 g Parmesan, gerieben
125 g Butter
4 EL Essig
4 EL Rapsöl
500 g Spitzkohl
Prise Zucker
Salz

Nährwerte p. P.

685 kcal
50 g Kohlenhydrate
40 g Fett
30 g Eiweiß

1 Die Brötchen in Würfel schneiden und in eine große Schüssel geben. Mehl und Backpulver darüberstreuen.

2 Die geschälte Zwiebel in feine Würfel schneiden. Die Petersilie hacken. In einer Pfanne Butter erhitzen und die Zwiebelwürfel darin andünsten. Die Hälfte der gehackten Petersilie zu den Zwiebeln geben.

3 Mit Milch ablöschen und kurz aufkochen lassen. Diese Mischung anschließend über die Brötchen geben. Eier aufschlagen und ebenfalls dazugeben. Pfeffern und salzen, gut verkneten und 10 Minuten ruhen lassen.

4 Bringen Sie Salzwasser zum Kochen. Die Käsesorten in kleine Würfel schneiden und zum Knödelteig geben, erneut verkneten. Das Wasser nun auf Siedepunkt herunterdrehen und die 8 Knödel darin 15 Minuten garen.

5 Den Kohl waschen und den Strunk heraustrennen. Die Kohlblätter in feine Streifen schneiden, salzen und durchmengen.

6 Öl, Zucker, Essig, übrige Petersilie und Salz zu einem Dressing verrühren und mit dem Kohl vermengen.

7 In einem Topf etwas Butter braun werden lassen. Die Knödel abschöpfen, auf den Teller platzieren und mit Butter beträufeln. Parmesan darüber verteilen und mit Salat anrichten.

KÜRBISKNÖDEL AN PILZRAGOUT

4 Port.

1 Std.

Leicht

Zutaten

500 g Hokkaidokürbis
500 g Kartoffeln, mehligkochend
300 g Kräuterseitlinge
1 Zwiebel
250 g Roséchampignons
100 g Kartoffelstärke
250 ml Schlagsahne
4 - 5 EL Öl
200 ml Milch
1 EL Mehl
½ Töpfchen Estragon
Pfeffer und Salz

Nährwerte p. P.

664 kcal
69 g Kohlenhydrate
35 g Fett
13 g Eiweiß

1 Die geschälten Kartoffeln in kochendes Salzwasser geben und mit aufgelegtem Deckel 20 Minuten weich kochen. Den Kürbis von den Kernen entfernen und in Würfel schneiden. 300 g abwiegen und diese noch 10 Minuten zu den Kartoffeln geben.

2 Die Pilze putzen und vierteln. Die geschälten Zwiebeln fein würfeln und den Estragon klein hacken.

3 Kürbis und Kartoffeln abseihen lassen und beides durch die Kartoffelpresse drücken. Salzen und pfeffern. Die Kartoffelstärke dazugeben und alles gut verkneten. Ein wenig abkühlen lassen und 8 Knödel herstellen.

4 Erhitzen Sie Öl in einer Pfanne und braten die Pilze darin in kleinen Portionen an. Salzen und pfeffern nicht vergessen. Die letzte Portion Pilze mit den Zwiebeln anbraten und Mehl darüberstreuen.

5 Milch und Sahne hinzugeben und zum Kochen bringen. Alle Pilze dazugeben und 5 Minuten köcheln lassen. Den Estragon unterrühren und mit Pfeffer und Salz würzen.

6 Die Knödel 8 Minuten in siedendem Salzwasser garen. Sobald sie an die Wasseroberfläche kommen, können sie abgeschöpft werden und mit dem Ragout serviert werden.

MEDITERRANE SEMMELKNÖDEL

2 Port.

55 Min.

Leicht

Zutaten

2 Brötchen, vom Vortag
1 Ei
140 ml Milch
1 TL Pfeffer und Salz
70 g Parmesan, gerieben
50 g getrocknete Tomaten
1 Aubergine
20 g Basilikum
1 Zucchini
1 Zwiebel
400 g Tomaten, stückig
2 TL Salz
1 Knoblauchzehe
1 TL Pfeffer
4 EL Olivenöl
1 TL Oregano

Nährwerte p. P.

551 kcal
58 g Kohlenhydrate
19 g Fett
31 g Eiweiß

1 20 g Parmesan zu zwei kleinen Häufchen auf ein mit Backpapier belegtes Backblech legen. Den Backofen auf Umluft und 180 °C vorheizen und den Parmesan darin 7 Minuten backen.

2 Die Zwiebel schälen und fein würfeln, den geschälten Knoblauch pressen. Die stückigen Tomaten, 2 EL Olivenöl, Zwiebel, Knob-lauch, Pfeffer, Oregano und Salz miteinander vermengen und in eine Auflaufform geben.

3 Schneiden Sie die Zucchini und die Aubergine in feine Scheiben und belegen damit die Tomatensauce. 2 EL Öl darüberträufeln und 45 Minuten im Backofen schmoren lassen.

4 Die Brötchen würfeln und mit Ei und Milch verkneten. Ein wenig ruhen lassen.

5 Das Basilikum und die getrockneten Tomaten zerkleinern, den übrigen Parmesan reiben und alles zu den Brotwürfeln geben. Salzen und pfeffern und gut verkneten.

6 6 Knödel formen und auf ein Backpapier legen. Nach 25 Minuten zum Gemüse in den Backofen geben.

7 Verteilen Sie das Gemüse auf die Teller, platzieren die Knödel darauf und stellen einen Parmesanchip in die Mitte.

SEMMELKNÖDELAUFLAUF

4 Port.

1 Std.

Leicht

Zutaten

4 Semmelknödel (s. Grundrezepte)
120 g Leerdammer
2 Stangen Porree
800 g Pilze
250 ml Gemüsebrühe
1 Zitrone
100 g Speck, geräuchert
1 EL Mehl
200 ml Sahne
Öl

Nährwerte p. P.

500 kcal
24 g Kohlenhydrate
30 g Fett
22 g Eiweiß

1 Den Ofen auf Ober-/Unterhitze und 180 °C vorheizen. Die Pilze putzen und klein schneiden. Die Wurzeln vom Porree entfernen, der Länge nach halbieren und gut auswaschen. Anschließend in 2 cm breite Stücke schneiden. Den Speck würfeln.

2 Öl in einer Pfanne heiß werden lassen und die Pilze gemeinsam mit den Speckwürfeln darin anbraten. Den Lauch untermengen, die Hitze reduzieren und 5 Minuten dünsten lassen. Mehl darübergeben, vermischen und abschließend mit Sahne und Gemüsebrühe ablöschen. 5 Minuten weiterköcheln lassen.

3 Die Zitrone gut abwaschen, halbieren und von einer Hälfte die Schale abreiben. Von beiden Hälften den Saft auspressen und beide Bestandteile in die Sauce geben. Pfeffern und salzen.

4 Schneiden Sie den Käse klein. Geben Sie die Sauce in eine Auflaufform und platzieren Sie die Knödel darin. Streuen Sie den Käse gleichmäßig darüber.

5 Für 20 Minuten in den Backofen geben.

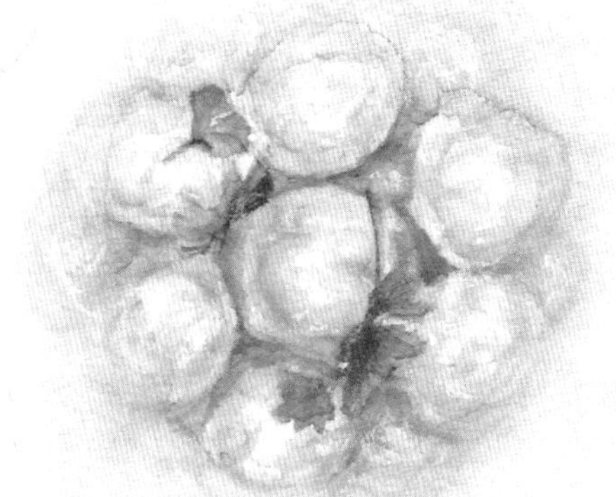

DREIERLEI KNÖDEL AUF SALAT

3 Port.

45 Min.

Mittel

Zutaten

Knödelgrundzutaten
35 g Butter
350 g Knödelbrot
3 Eier
1 Zwiebel
200 ml Milch
Salz

Je nach Knödel
50 g Bergkäse
2 - 3 Scheiben Speck
2 mittelgroße rote Rüben

Salat
1 Pck. Feldsalat
1 EL Honig
1 EL Apfelessig

Nährwerte p. P.

648 kcal
43 g Kohlenhydrate
42 g Fett
29 g Eiweiß

1 Die geschälte Zwiebel in feine Würfel schneiden. Die Butter in einer Pfanne zergehen lassen und die Zwiebel darin dünsten. Milch und Eier miteinander verrühren und Salz hinzugeben.

2 Knödelbrot in einer Schüssel mit der Milch-Ei-Mischung und den Zwiebeln vermengen. Die Masse auf drei Schüsseln verteilen.

3 Den Speck fein würfeln und ohne Zugabe von Fett in einer Pfanne anbraten. Diese Würfel zum Teig geben und vermengen.

4 Den Käse reiben, 1 EL allerdings an die Seite stellen. Den übrigen Käse unter die zweite Portion Knödelteig kneten.

5 Schälen Sie die Roten Rüben und schneiden diese in kleine Würfel. Geben Sie diese in einen Topf und befüllen ihn mit Wasser, bis die Roten Rüben komplett bedeckt sind. Bei mittlerer Hitze weich kochen und anschließend pürieren. Das Püree unter die dritte Portion Knödelmasse geben.

6 Alle Knödelteige 10 Minuten ruhen lassen. 2 - 3 EL Mehl pro Schüssel untermengen. Mit angefeuchteten Händen Knödel daraus formen.

7 Einen Topf mit Dampfeinsatz und mit Wasser gefüllt auf den Herd stellen und zum Kochen bringen. Die Knödel im Dampfeinsatz 20 Minuten im siedenden Wasser garen.

8 Apfelessig und Honig miteinander verrühren, den Salat waschen.

9 Den Salat auf drei Teller verteilen, die Vinaigrette darübergeben und jeweils einen Knödel platzieren.

Vegane Hauptspeisen

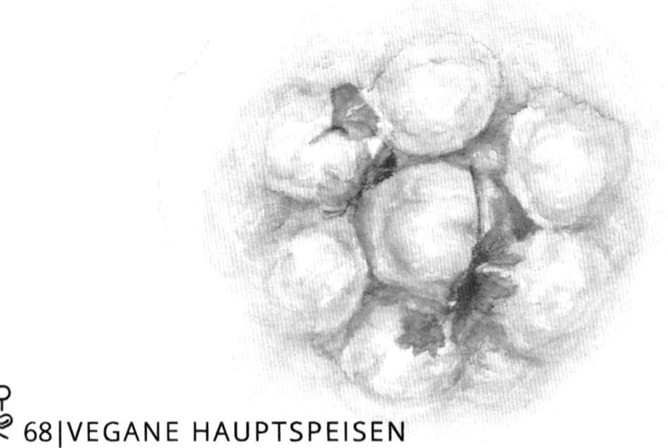

VEGANE ROTE-BETE-KNÖDEL

4 Port.

45 Min.

Leicht

Zutaten

200 g Knödelbrot
1 Zwiebel, rot
300 g Rote Bete, vorgegart
2 TL Salz
100 ml Wasser
½ TL Muskat
½ TL Pfeffer
100 g Räuchertofu
6 - 8 Salbeiblätter
50 g Margarine
1 Birne

Nährwerte p. P.

341 kcal
41 g Kohlenhydrate
13 g Fett
10 g Eiweiß

1 50 g der Roten Bete würfeln und den Rest mit Wasser pürieren. Die Zwiebel schälen und in feine Würfel schneiden. Das Püree und die Zwiebeln mit den Gewürzen zum Knödelbrot geben. Alles gut miteinander verkneten.

2 8 Knödel mit angefeuchteten Händen formen. Bringen Sie Wasser mit Salz zum Kochen und lassen es anschließend sieden. Die Knödel im Topf 15 Minuten garen.

3 Die Birne und den Tofu in Würfel schneiden, die Salbeiblätter in Streifen schneiden.

4 Eine Pfanne erhitzen und die Margarine schmelzen lassen, die Birnenwürfel und den Tofu 4 Minuten anbraten.

5 Die Knödel und den Salbei darin schwenken. Mit Pfeffer und Salz abschmecken.

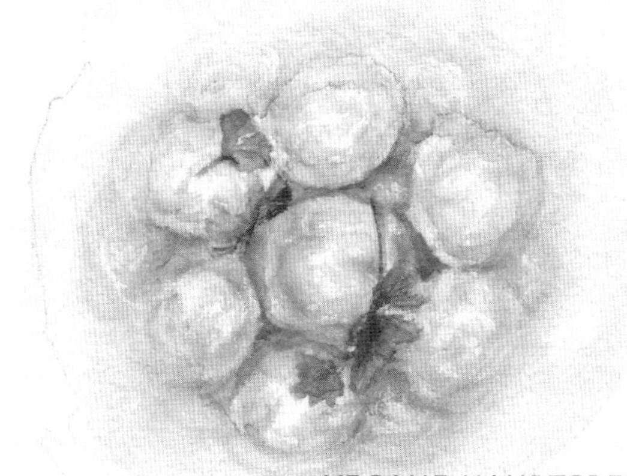

SPINATKNÖDEL AN LINSENBOLOGNESE

3 Port.

40 Min.

Mittel

Zutaten

Knödel
150 ml Haferdrink
250 g Brötchen
1 TL Salz
2 EL Sojamehl
3 EL Hefeflocken
400 g frischer Spinat
1 Zwiebel
1 EL Olivenöl
1 EL Petersilie, gehackt

Linsenbolognese
1 Knoblauchzehe
1 Zwiebel
1 Möhre
125 ml Rotwein
150 g Linsen, rot
450 ml Gemüsebrühe
1 Dose Tomaten, gehackt
1 TL Basilikum
1 TL Oregano
2 EL Tomatenmark
2 Stangen Staudensellerie
Pfeffer und Salz

Nährwerte p. P.

678 kcal
92 g Kohlenhydrate
13 g Fett
30 g Eiweiß

1 Die Brötchen würfeln und mit Haferdrink, Sojamehl, Hefeflocken, Salz und Petersilie vermengen.

2 Öl in einer Pfanne erhitzen. Die geschälte Zwiebel fein würfeln und in der Pfanne dünsten. Den gewaschenen Spinat dazugeben und die Pfanne mit dem Deckel schließen. Sobald der Spinat in sich versunken ist, salzen und pfeffern.

3 Die Zwiebel-Spinat-Mischung zu den Brötchen geben und gut verkneten. Anschließend 6 Knödel formen.

4 Salzwasser zum Kochen bringen, die Hitze reduzieren und die Knödel darin 10 Minuten garen.

5 Das Olivenöl in einer Pfanne erhitzen. Die Zwiebel für die Bolognese schälen und in kleine Würfel schneiden. Diese in Öl dünsten. Die geschälte Möhre klein schneiden, den Sellerie ebenfalls würfeln und in die Pfanne geben. Den Knoblauch hineinpressen.

6 Abschließend die Linsen in die Pfanne geben und nochmals mitbraten. Rühren Sie das Tomatenmark hinein und löschen dann mit Rotwein ab. Kurz einkochen lassen.

7 Die Gemüsebrühe und die Tomaten untermengen. Für weitere 20 Minuten köcheln lassen.

8 Schmecken Sie zum Schluss mit Oregano, Pfeffer, Salz und Basilikum ab.

KNÖDELPFANNE

2 Port.

25 Min.

Leicht

Zutaten

4 vegane Semmelknödel
(s. Grundrezepte)
200 ml Sojasahne
Pfeffer und Muskat
Pflanzenschmalz

Nährwerte p. P.

521 kcal
47 g Kohlenhydrate
32 g Fett
8 g Eiweiß

1 Die Knödel nach dem Rezept in den Grundrezepten zubereiten. Die Knödel in grobe Würfel schneiden.

2 Pflanzenschmalz in einer Pfanne heiß werden lassen und die Knödelwürfel darin anbraten.

3 Nehmen Sie die Pfanne vom Herd und gießen die Sojasahne hinein. Mit Muskat und Pfeffer abschmecken.

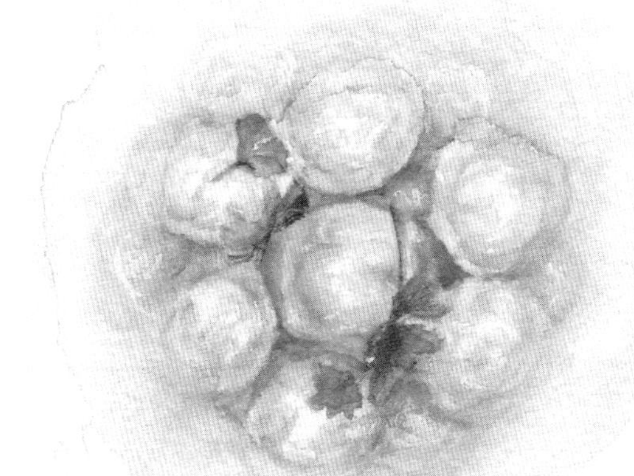

BREZENKNÖDEL AUF PILZRAHMSAUCE

4 Port. 45 Min. Leicht

Zutaten

Knödel
325 ml Sojadrink
400 g Brezeln, vom Vortag
4 EL Kichererbsenmehl
20 g Schnittlauch
¾ TL Salz
1 Zwiebel
¼ TL Liquid Smoke
4 EL Semmelbrösel
2 EL Rapsöl
2 EL Kartoffelstärke

Pilzrahmsauce
2 EL Rapsöl
1 Zwiebel
150 ml Hafersahne
1 EL Mehl
500 g Pilze, gemischt
150 ml Gemüsebrühe
¼ TL Muskat
1 TL Pfeffer, schwarz

Nährwerte p. P.

668 kcal
104 g Kohlenhydrate
8 g Fett
4 g Eiweiß

1 Die Brezeln klein schneiden. 275 ml Sojadrink leicht erwärmen und über die Brezelwürfel gießen.

2 Das Kichererbsenmehl mit dem übrigen Sojadrink vermischen, Liquid Smoke und Salz dazugeben. Die geschälte Zwiebel in feine Würfel schneiden. Öl in einer Pfanne erhitzen und die Zwiebelwürfel darin dünsten. Den Schnittlauch klein schneiden und zu den Zwiebeln geben. Die Pfanne an die Seite stellen.

3 Kichererbsenmehlmischung, Kartoffelstärke, Schnittlauch, Zwiebeln und Semmelbrösel zu den aufgeweichten Brezelwürfeln geben. Alles gut verkneten, abdecken und 10 Minuten ziehen lassen.

4 Einen Topf mit Salzwasser zum Kochen bringen und den Dämpfaufsatz auflegen. Die Hände anfeuchten und 6 Knödel formen. Diese in den Dämpfaufsatz legen, 20 Minuten dämpfen.

5 Die Zwiebel für die Sauce schälen und in feine Würfel schneiden. Erneut Öl in einer Pfanne erhitzen und die Zwiebeln andünsten. Die Pilze klein schneiden und zu den Zwiebeln geben. Scharf anbraten.

6 Die Hitze herunterdrehen und die Pilze mit Mehl bestäuben. Mit der Hafersahne und der Gemüsebrühe ablöschen. Mit Muskat und Pfeffer würzen. 10 Minuten köcheln lassen.

7 Die Sauce auf die Teller verteilen und die Knödel darauf platzieren.

PFANNENKNÖDEL MIT ZWIEBELSAUCE

2 Port. 1 Std. Leicht

Zutaten

6 vegane Knödel, halb/halb (s. Grundrezepte)

Sauce
1 Pck. Zwiebelsuppe, Instant
150 ml Wasser
250 ml Pflanzensahne

Speck
3 Spritzer Liquid Smoke
1 Möhre
2 TL Salz
1 TL Paprikapulver
2 EL Rapsöl

Nährwerte p. P.

420 kcal
68 g Kohlenhydrate
10 g Fett
10 g Eiweiß

1 Die Knödel nach dem Rezept in den Grundrezepten zubereiten.

2 Die geschälte Möhre in dünne Streifen schneiden und danach in feine Würfel. Öl in einer Pfanne erhitzen und die Möhrenwürfel darin scharf anbraten. Liquid Smoke dazugeben und mit Paprikapulver und Salz würzen. Die Pfanne an die Seite stellen.

3 Wasser und Pflanzensahne in einem Topf verrühren. Die Instant-suppe einrühren und aufkochen lassen.

4 Die Knödel in Scheiben schneiden, Öl in einer Pfanne erhitzen und die Knödelscheiben darin rösten.

5 Die Knödel auf die Teller verteilen, mit der Sauce übergießen und die "Speckwürfel" darauf verteilen.

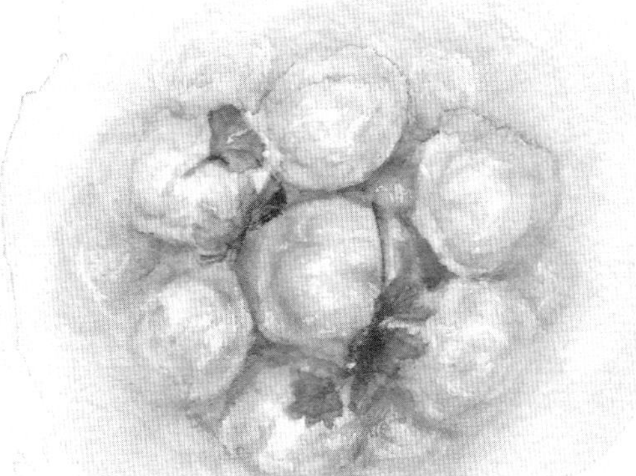

MILCHREISKNÖDEL MIT CRANBERRY-KOMPOTT

 4 Port.

 45 Min.

 Mittel

Zutaten

200 ml Reisdrink
150 g Milchreis
250 ml Kokosmilch
Prise Salz
2 EL Vanillezucker
Butter

Kompott
½ Granatapfel
150 g Cranberrys
1 EL Maisstärke
40 ml Cranberrysaft

Nährwerte p. P.

497 kcal
81 g Kohlenhydrate
16 g Fett
4 g Eiweiß

1 Die Kokosmilch und den Reisdrink zum Kochen bringen. Zucker und Salz darin auflösen und den Deckel auflegen. Den Milchreis unterrühren. 30 - 40 Minuten vor sich hin köcheln lassen. Anschließend 12 Knödel formen.

2 Butter in einer Pfanne zum Schmelzen bringen und die Knödel darin ringsherum anbraten.

3 Die Granatapfelkerne entfernen und in einem Topf mit den Cranberrys zum Kochen bringen. Lassen Sie beides 10 Minuten köcheln. Maisstärke und Cranberrysaft vermischen und zum Kompott geben. Erneut zum Kochen bringen.

4 Die Knödel mit der Sauce servieren.

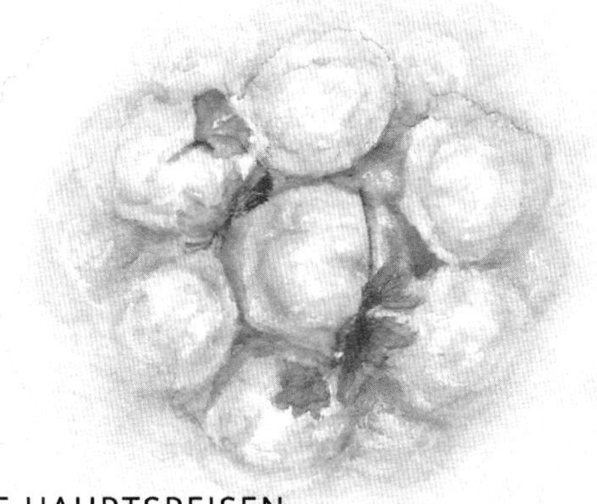

SPINATKNÖDEL MIT FETA

8 Port. | 1 Std. 15 Min. | Mittel

Zutaten

Knödel
50 g Weizengrieß
150 g Dinkelmehl
250 g Kartoffeln, überwiegend festkochend
¾ TL Salz

Füllung
55 g rote Zwiebel
15 ml Bratöl
15 ml Zitronensaft
1 EL Nährhefe
50 g Mandelmehl
1 Knoblauchzehe
150 g Spinat
Pfeffer

Nährwerte p. P.

165 kcal
24 g Kohlenhydrate
3 g Fett
7 g Eiweiß

1 Kartoffeln in heißem Salzwasser für 20 Minuten kochen. Danach unter kaltem Wasser abschrecken.

2 Öl in einer Pfanne erhitzen. Zwiebel und Knoblauch für die Füllung fein hacken. In der Pfanne dünsten. Den Spinat dazugeben, bis er in sich zusammenfällt. Hefe, Zitronensaft, Mandelmehl und Pfeffer hinzugeben und unter stetigem Rühren andicken lassen. Danach alles an die Seite stellen.

3 Die Kartoffeln pellen und mit einem Stampfer zerdrücken. Grieß und Mehl beimengen. Gut mit Salz würzen und nochmals durchkneten.

4 Salzwasser zum Kochen bringen. Den Teig in 8 Stücke portionieren und platt drücken. Die Füllung gleichmäßig auf die 8 Portionen verteilen und umschließen, einen Knödel daraus formen.

5 Die Knödel ins Salzwasser gleiten lassen und 15 Minuten garen.

KNÖDEL-BOLOGNESE-AUFLAUF

4 Port. 35 Min. Mittel

Zutaten

12 kleine vegane Kartoffelknödel (s. Grundrezepte)
20 g getrocknete Tomaten
75 g Pastinake
75 g Stangensellerie
1 Zwiebel
2 EL Olivenöl
3 EL Tomatenmark
2 TL Ahornsirup
175 g Räuchertofu
1 TL Oregano
75 g Möhren
¼ TL Piment
½ TL Zimt
½ TL Fenchelsamen
5 Oliven

Nährwerte p. P.

399 kcal
49 g Kohlenhydrate
14 g Fett
14 g Eiweiß

1 Die Kartoffelknödel nach Rezept im Kapitel Grundrezepte in diesem Kochbuch zubereiten. 12 Knödel formen, allerdings noch nicht kochen.

2 Die getrockneten Tomaten in eine Schüssel geben und 500 ml kochendes Wasser darübergießen.

3 Möhren, Sellerie, Pastinaken und Zwiebel in ganz kleine Würfel schneiden. In einem Topf Olivenöl erhitzen und das Gemüse darin scharf anbraten. Hin und wieder umrühren. Die Tomaten aus dem Wasser nehmen, dieses aber nicht wegschütten. Die eingeweichten Tomaten ebenfalls klein schneiden.

4 Piment, Tomatenmark, Ahornsirup, Oregano, Zimt und Fenchelsamen hinzugeben und 2 Minuten unter stetigem Rühren rösten. Die aufgeweichten Tomaten hinzufügen und auch das Tomatenwasser dazugießen. Den Tofu hineinbröseln. Den Deckel auflegen und 15 Minuten köcheln lassen.

5 In die Knödel jeweils eine kleine Mulde drücken. Die Oliven in kleine Scheiben schneiden und in die Mulden drücken.

6 Eine Auflaufform mit der veganen Bolognese füllen und die Knödel hineinlegen. Mit Olivenöl beträufeln und 15 Minuten bei 180 °C backen.

Fingerfood/Snacks

KNÖDELMUFFINS

4 Port.

1,5 Std.

Leicht

Zutaten

3 Eier
300 g Knödelbrot
1 Zwiebel
2 EL Butter
250 g Champignons
100 g Schinken
100 g Reibekäse
10 Blätter Bärlauch
150 ml Milch, lauwarm

Nährwerte p. P.

848 kcal
87 g Kohlenhydrate
31 g Fett
49 g Eiweiß

1 Knödelbrot in eine Schüssel geben und mit Milch übergießen.

2 Die geschälte Zwiebel fein würfeln, ebenfalls den Schinken klein schneiden. 1 EL Butter in einer Pfanne erhitzen und die Zwiebel und die Schinkenwürfel darin anbraten. Die Pilze in Scheiben schneiden und in der übrigen Butter dünsten. Zwiebel, Schinken und Pilze zum Knödelbrot geben

3 Verquirlen Sie die Eier miteinander und schneiden die Bärlauchblätter in feine Streifen. Bärlauch, Eier und Käse zum Knödelteig geben und alles gut verkneten. Den Teig abdecken und 30 Minuten ziehen lassen.

4 Den Backofen auf Ober-/Unterhitze und 200 °C vorheizen.

5 Muffinformen einfetten. Den Teig in 12 Knödel portionieren und in die Förmchen legen. 20 Minuten im Backofen backen.

SCHINKEN-CHEDDAR-KNÖDEL

8 Port. | 12 Std. 20 Min. | Leicht

Zutaten

2 Eier
150 g Schinken
150 g Cheddar
50 g Mehl
8 Kartoffeln, mehligkochend
100 g Frischkäse
100 g Crème fraîche
½ Bund Schnittlauch
Salz und Pfeffer

Nährwerte p. P.

303 kcal
1 g Kohlenhydrate
20 g Fett
15 g Eiweiß

1 Schinken- und Käsescheiben im Wechsel aufeinanderlegen. Mit einem scharfen Messer in 8 gleich große Würfel schneiden.

2 Die geschälten Kartoffeln reiben und in ein Küchentuch geben. Kräftig ausdrücken. Die Raspeln anschließend in einer Schüssel mit den Eiern, dem Mehl, Pfeffer und Salz vermengen.

3 Die Schinken-Käse-Würfel mit dem Kartoffelteig umwickeln und zu Knödel formen. Im Kühlschrank über Nacht ruhen lassen.

4 Aus Crème fraîche, Schnittlauch und Frischkäse einen Dip anrühren. Pfeffern und salzen.

5 Erhitzen Sie ausreichend Öl in einem großen Topf. Die kalten Knödel hineingleiten lassen und knusprig backen.

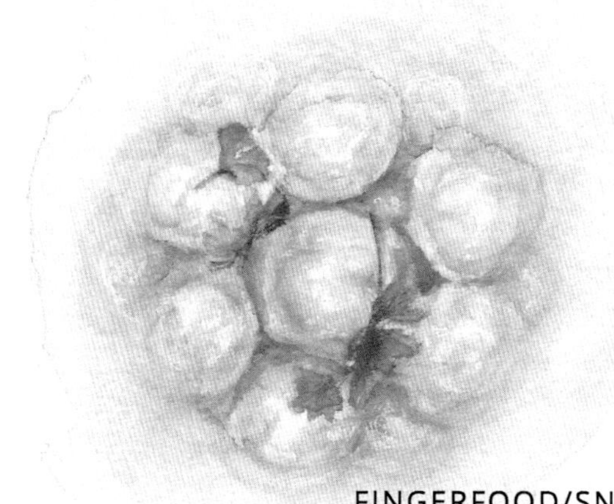

KNÖDELCHIPS

1 Port. 50 Min. Leicht

Zutaten

1 TL italienische Kräuter
100 ml Joghurt
2 Knödel, vom Vortag

Nährwerte p. P.

230 kcal
38 g Kohlenhydrate
3 g Fett
9 g Eiweiß

1 Die Knödel in feine Scheiben schneiden. Ein Backblech mit Backpapier belegen und die Knödelscheiben darauf verteilen.

2 Heizen Sie den Backofen auf Umluft und 180 °C vor. Die Knödelchips 20 Minuten backen.

3 Joghurt und Kräuter miteinander verrühren und zu den Chips reichen.

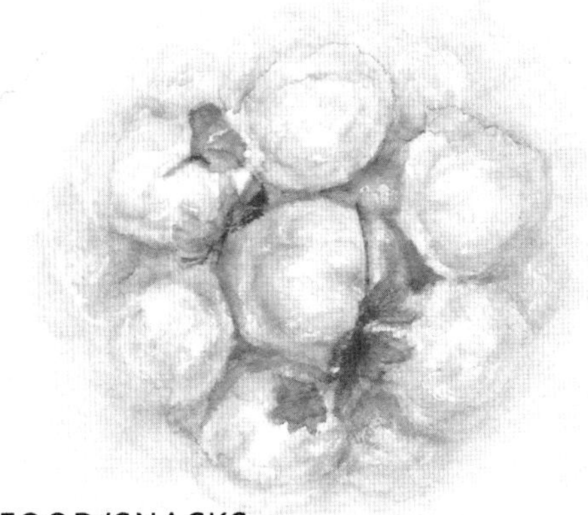

GERÖSTETER KNÖDEL IN EI

4 Port.

40 Min.

Mittel

Zutaten

500 ml Milch
500 g Knödelbrot
40 g Butter
4 Eier
½ Zwiebel
Pfeffer und Salz
4 Wachteleidotter
200 ml Gemüsefond
2 Eigelbe
4 leere Eierschalen
Speckscheiben
Braune Butter
50 ml Weißwein
Schnittlauch
Majoran, Kümmel und Muskat

Nährwerte p. P.

1.287 kcal
146 g Kohlenhydrate
53 g Fett
46 g Eiweiß

1 Die Milch über das Knödelbrot geben und aufweichen lassen. Die geschälte Zwiebel in feine Würfel schneiden und in heißer Butter dünsten. Anschließend zum Brot geben. Pfeffer, Muskat und Salz und die verquirlten Eier dazugeben und alles gut verkneten.

2 Packen Sie den Teig zuerst in Frischhaltefolie und anschließend in Alufolie ein. Dämpfen Sie nun den Knödel im Dampfgarer 40 Minuten bei 85 °C. Die Knödelmasse in Würfel schneiden und in heißer Butter anbraten.

3 Erwärmen Sie die braune Butter und stellen Sie das Wachteleigelb darin warm.

4 Die Gewürze gemeinsam mit Weißwein und Gemüsefond in einem Topf reduzieren. Anschließend durch ein Sieb gießen und die Flüssigkeit mit den Eigelben schlagen. Die Butter hineinlaufen lassen. Erneut abschmecken.

5 Die leeren Eierhälften mit der Flüssigkeit füllen, Knödel hineinlegen. Den Speck anbraten und mit fein geschnittenem Schnittlauch bestreuen.

ZUCCHINI-KNÖDEL-MUFFINS

12 Port. 30 Min. Leicht

Zutaten

3 Eier
500 g Knödelbrot, Dinkel
4 Petersilienstiele
1 Zwiebel
1 TL Salz
200 g Zucchini
1 EL Butter
300 ml Milch

Nährwerte p. P.

158 kcal
24 g Kohlenhydrate
3 g Fett
6 g Eiweiß

1 Eier, Salz und Brot in einer Schüssel vermengen und für 10 Minuten durchziehen lassen.

2 Die geschälten Zwiebeln in kleine Würfel schneiden, Butter in einer Pfanne erhitzen und die Zwiebeln darin andünsten. Milch zum Ablöschen dazugeben, einmal zum Kochen bringen und zum Knödelbrot geben.

3 Heizen Sie den Backofen auf Umluft und 200 °C vor.

4 Die Petersilie fein hacken, die Zucchini fein raspeln und auch zum Knödelteig geben und alles gut miteinander verkneten.

5 Fetten Sie ein Muffinblech gut ein und geben zwei Löffel des Teiges in jede Mulde.

6 In den Backofen geben und 10 Minuten backen.

KNÖDELTAPAS

20 Port.

50 Min.

Leicht

Zutaten

1 EL Butter
6 Brötchen, vom Vortag
3 Eier
200 ml Milch
3 Schalotten
½ Bund Radieschen
½ Bund Petersilie
2 EL Öl
200 g Sauerkraut
50 g süßer Senf
200 g Chorizo
½ Bund Schnittlauch
2 EL Apfelessig
Zucker, Salz, Pfeffer, Paprika (edelsüß)

Nährwerte p. P.

108 kcal
8 g Kohlenhydrate
5 g Fett
5 g Eiweiß

1 Die Brötchen würfeln, die Milch in einem Topf erhitzen und über das Brot gießen. Abdecken und 20 Minuten ruhen lassen.

2 2 von 3 Schalotten schälen, in kleine Würfel schneiden und in einer Pfanne mit geschmolzener Butter dünsten. Die gewaschene Petersilie fein hacken. Verquirlen Sie die Eier miteinander und geben diese mit der Petersilie und den Schalotten zum Brötchenmix. Alles gut verkneten und mit Pfeffer und Salz abschmecken. Erneut zudecken und 30 Minuten ruhen lassen.

3 Die übrige Schalotte ebenfalls schälen und fein würfeln, die Radieschen in kleine Würfel schneiden. Den gewaschenen Schnittlauch in Röllchen schneiden. Schalotte, Radieschen und die halbe Portion des Schnittlauchs mit 2 EL Öl, einer Prise Zucker und Essig vermengen. Pfeffern und salzen.

4 Sauerkraut abtropfen und mit Zucker, Salz und Paprikapulver abschmecken. Die Chorizo-Wurst klein schneiden und ohne Zugabe von Fett in einer Pfanne anbraten. Auf einem Küchenpapier abtropfen.

5 Den halben Knödelteig in einer Pfanne zu einem Fladen flach drücken und anbraten. Mit Vorsicht wenden und erneut anbraten. Die andere Hälfte des Teiges ebenfalls auf diese Weise zubereiten.

6 Die Knödeltortillas jeweils in 10 Würfelstücke schneiden. 10 davon mit Senf bepinseln und 1 EL Radieschensalat darauf drapieren. Die anderen 10 Knödelwürfel mit 1 EL Sauerkraut und einem Chorizostück servieren. Den Schnittlauch über beide Sorten streuen.

KABELJAUKNÖDEL

4 Port.

40 Min.

Mittel

Zutaten

1 Ei
350 g Kabeljau
50 g Weißbrot, vom Vortag
½ TL Koriander
1 große Limette
Prise Salz und Pfeffer
800 ml Öl
2 EL Paniermehl
½ Bund Petersilie, glatt

Nährwerte p. P.

148 kcal
10 g Kohlenhydrate
2 g Fett
20 g Eiweiß

1 Die Rinde vom Brot entfernen und das Brot anschließend in kleine Stücke rupfen. Eine Schüssel mit kaltem Wasser bereitstellen und das Brot darin einweichen.

2 Die Blätter der Petersilie fein hacken, den Fisch waschen und bei Bedarf die Gräten entfernen. Den Kabeljau klein schneiden.

3 Das Wasser aus dem Brot drücken und mit dem Fisch in einem Mixer mit Limettenabrieb und Limettensaft mixen. Danach das Ei hineinschlagen. Erneut mixen.

4 Die Petersilie zum Fischpüree geben, Koriander, Pfeffer und Salz hinzufügen.

5 In einem großen Topf reichlich Öl erhitzen. Paniermehl unter die Fischmasse geben und daraus kleine Knödel formen. Die Knödel im heißen Fett frittieren.

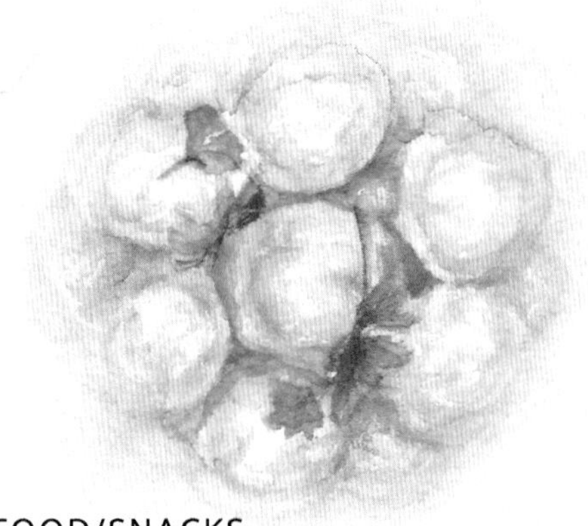

KNÖDEL-PIZZEN

4 Port.

1 Std.

Leicht

Zutaten

12 Kartoffelknödel (s. Grundrezepte)
180 g gekochter Schinken
Salz und Pfeffer
4 Tomaten
100 g Gouda, mittelalt
3 Zwiebeln
Majoran, getrocknet

Nährwerte p. P.

731 kcal
88 g Kohlenhydrate
19 g Fett
45 g Eiweiß

1 Kartoffelknödelteig nach Rezept in den Grundrezepten zubereiten. Allerdings dann keine Knödel formen, sondern zwei Teigrollen mit ungefähr 6 cm Durchmesser.

2 Den Backofen auf Ober-/Unterhitze und 200 °C vorheizen.

3 Salzwasser zum Kochen bringen und die Knödelteigrollen hineinlegen, einmal aufkochen lassen und die Hitze reduzieren. 20 Minuten weiterziehen lassen.

4 Den Schinken halbieren und den Gouda reiben. Die geschälten Zwiebeln in Spalten schneiden. Die Tomaten waschen und in dünne Scheiben schneiden.

5 Die Kartoffelknödelrollen aus dem Wasser holen und jeweils 6 Scheiben abschneiden. Ein Backblech mit Backpapier belegen und die Knödelscheiben darauf platzieren. Nun die Scheiben mit Tomaten, Zwiebelspalten und Schinkenscheiben belegen und Käse darüberstreuen.

6 15 Minuten im Backofen backen. Anschließend mit Pfeffer und Majoran würzen.

KNÖDELPÄCKCHEN

4 Port.

30 Min.

Leicht

Zutaten

6 Semmelknödel (s. Grundrezepte)
200 g Feta-Käse
200 g Zucchini
100 g Champignons, braun
12 Cocktailtomaten
1 TL Kräuter der Provence
6 EL Olivenöl
Pfeffer und Salz

Nährwerte p. P.

709 kcal
76 g Kohlenhydrate
43 g Fett
20 g Eiweiß

1 Die Semmelknödel nach Rezept in den Grundrezepten zubereiten. Anschließend in Scheiben schneiden.

2 Die Zucchini gut abwaschen und danach in feine Scheiben schneiden. Die Pilze allerdings vierteln. Den Feta-Käse würfeln.

3 Den Backofen auf Umluft und 185 °C vorheizen. Alle Bestandteile (Knödel, Zucchini, Feta, Champignons) auf Spieße stecken. Beide Enden mit einer Cocktailtomate abschließen.

4 Die Kräuter mit Olivenöl vermischen und mit Pfeffer und Salz abschmecken.

5 Legen Sie die Spieße jeweils auf ein Stück Alufolie und beträufeln sie mit dem angerührten Öl und machen Alu-Päckchen daraus. Alles sollte gut verschlossen sein.

6 15 - 20 Minuten in den Backofen geben.

Desserts

TOPFENKNÖDEL

4 Port.

50 Min.

Leicht

Zutaten

250 g Quark
70 g Grieß
1 Ei
1 EL Butter
4 EL Zucker
4 EL Semmelbrösel

Nährwerte p. P.

280 kcal
36 g Kohlenhydrate
10 g Fett
10 g Eiweiß

1 Den Grieß mit dem Topfen und dem Ei vermengen. Anschließend den Teig im Kühlschrank 30 Minuten ruhen lassen.

2 Wasser erhitzen. Aus dem Teig Knödel formen und 15 Minuten im kochenden Wasser garen. Wenn sie nach oben kommen, sind sie fertig.

3 Die Semmelbrösel mit Butter und Zucker in einer Pfanne rösten.

4 Die fertigen Topfenknödel in den Semmelbröseln wälzen.

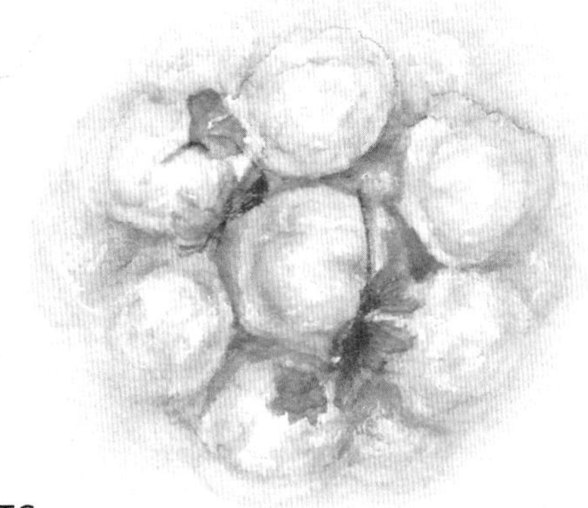

SCHOKOLADENKNÖDEL

4 Port. 20 Min. Mittel

Zutaten

50 g Butter
10 Stück Schokolade
1 Handvoll Semmelbrösel

Teig
1 Ei
250 g Quark
Salz
60 g Butter
125 g Mehl

Nährwerte p. P.

879 kcal
55 g Kohlenhydrate
62 g Fett
21 g Eiweiß

1 Die Zutaten für den Teig miteinander verkneten. Anschließend den Teig zu 10 gleichmäßigen Stücken portionieren und etwas flach drücken.

2 Legen Sie in die Mitte jeweils ein Stück Schokolade und ummanteln dieses mit dem Teig.

3 Bringen Sie Wasser zum Kochen und drehen anschließend die Temperatur herunter.

4 Die Knödel ins Wasser geben und 10 Minuten garen. Sobald sie an der Oberfläche schwimmen, abschöpfen.

5 Die Semmelbrösel mit Butter in einer Pfanne rösten. Die Schokoladenknödel darin wälzen.

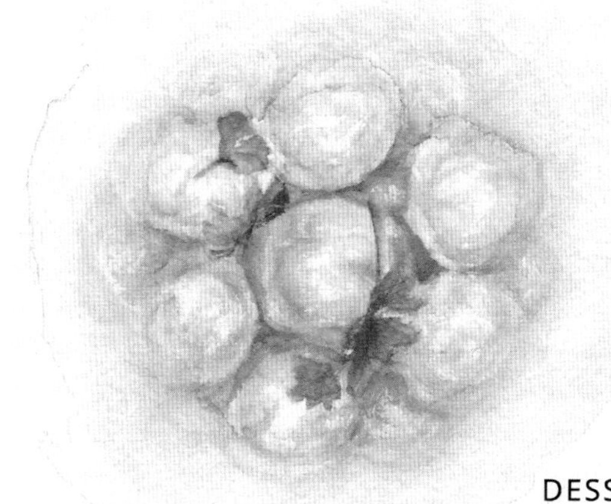

MARONIKNÖDEL

3 Port.

50 Min.

Leicht

Zutaten

Füllung
1 Schuss Rum
50 g Zucker
150 g pürierte Maroni

Teig
200 g geriebene Schokolade
30 g Butter
100 g Mehl
1 Ei
200 g Quark

Nährwerte p. P.

824 kcal
102 g Kohlenhydrate
1 g Fett
38 g Eiweiß

1 Ei und Butter schaumig schlagen und den Quark unterheben. Das Mehl hineinrühren und für 30 Minuten ruhen lassen. Die Zutaten für die Füllung miteinander verrühren.

2 Portionieren Sie den Teig in gleichmäßig große Teile und drücken Sie diese flach. Geben Sie etwas von der Füllung in die Mitte und schließen den Knödel.

3 Salzwasser zum Kochen bringen und die Knödel hineingeben. Sobald sie an die Oberfläche kommen, die Knödel abschöpfen.

4 Die Knödel in geriebener Schokolade wälzen.

MARILLENKNÖDEL IM GLAS

2 Port.

20 Min.

Leicht

Zutaten

4 EL Naturjoghurt
250 g Quark
40 g Zucker

Marillenmus
8 entkernte Marillen
2 EL Zucker
170 ml Wasser

Butterbrösel
½ TL Zimt
100 g Semmelbrösel
30 g Butter

Nährwerte p. P.

666 kcal
83 g Kohlenhydrate
27 g Fett
19 g Eiweiß

1 Die Marillen mit Wasser und Zucker in einem Topf verrühren, zudecken und köcheln lassen, bis die Marillen weich sind. Anschließend pürieren und abkühlen lassen.

2 Joghurt, Quark und Zucker miteinander vermengen. Die Brösel mit Butter und Zimt in eine Pfanne geben und anrösten.

3 Große Gläser auswaschen und erst Marillen, dann Brösel und Quark schichten. Wenn möglich, diese Reihenfolge nochmals wiederholen.

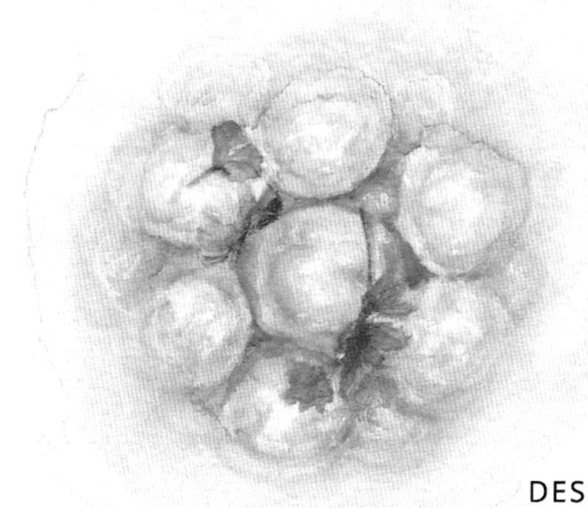

MINI-KNÖDEL

2 Port.

25 Min.

Leicht

Zutaten

50 ml Milch
3 Löffelbiskuits
2 Milchbrötchen
1 TL Butter, zerlassen
1 EL Butter
2 EL Semmelbrösel
1 TL Zucker
1 TL Zimt

Nährwerte p. P.

398 kcal
57 g Kohlenhydrate
14 g Fett
8 g Eiweiß

1 Die Milch in einem Topf lauwarm werden lassen. Löffelbiskuits und Milchbrötchen klein rupfen und mit der warmen Milch und der zerlassenen Butter verkneten.

2 Die Hände ein wenig anfeuchten und kleine Knödel formen. Wasser in einem Topf sieden lassen und die Knödel hineingeben. Auch wenn die Knödel an der Oberfläche schwimmen, gerne noch ein wenig ziehen lassen.

3 1 EL Butter in eine Pfanne geben und schmelzen lassen. Zimt, Zucker und Semmelbrösel anrösten. Die Knödel abschöpfen und zu den Bröseln in die Pfanne geben und darin mitrösten.

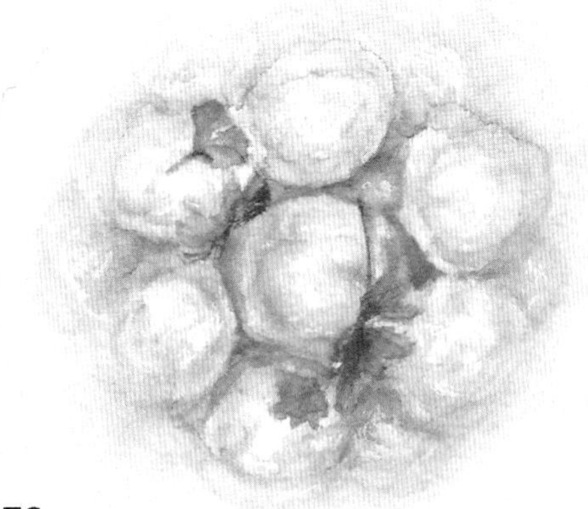

BRATAPFELKNÖDEL

8 Port. 50 Min. Mittel

Zutaten

2 Eigelbe
500 g Kartoffeln, mehligkochend
30 g Butter
8 EL Mehl

Füllung
50 ml Wasser
2 TL Zimt
4 Äpfel
1 EL Puddingpulver, aufgelöst in 2 EL Wasser
1 Pck. Vanillezucker

Mohnbrösel
40 g Butter
200 g Semmelbrösel
4 EL Mohnmischung

Nährwerte p. P.

332 kcal
47 g Kohlenhydrate
11 g Fett
6 g Eiweiß

1 Die geschälten Kartoffeln in kleine Würfel schneiden und im Wasser weich kochen. Anschließend in eine Kartoffelpresse geben und durchdrücken. Butter, Eigelb und Mehl dazugeben und alles gut verkneten. 20 Minuten ruhen lassen.

2 Die geschälten Äpfel in kleine Würfel schneiden. Einen Topf mit Wasser füllen und die Apfelwürfel mit Zimt und Vanillezucker weich kochen lassen. Das angerührte Puddingpulver unterrühren und den Topf an die Seite stellen und alles gut abkühlen lassen.

3 Erneut einen großen Topf mit Wasser füllen und zum Kochen bringen. Den vorbereiteten Teig in 8 Portionen teilen und zu Knödeln formen. 1 EL der Apfelfüllung in jeden Knödel verarbeiten. Die übrige Füllung kann zu den Knödeln serviert werden.

4 Wasser zum Sieden bringen und die Knödel hineinlegen. Den Deckel auflegen und die Knödel 15 Minuten garen.

5 Alles für die Mohnbrösel in eine Pfanne geben und anrösten. Hin und wieder umrühren. Die Knödel in den Mohnbröseln wenden.

QUARKKNÖDEL MIT SCHOKOLADENKERN

4 Port.

1 Std.

Mittel

Zutaten

150 g Vollmilchschokolade
4 EL Öl
6 EL Semmelbrösel
6 EL Grieß
2 Eier
300 g Quark

Zimtbrösel
5 EL Butter
8 EL Semmelbrösel
1 TL Zimt

Nährwerte p. P.

659 kcal
50 g Kohlenhydrate
42 g Fett
17 g Eiweiß

1 Semmelbrösel, Öl, Eier, Quark und Grieß miteinander verrühren und 30 Minuten an die Seite stellen. Währenddessen die Schokolade in Stücke zerbrechen.

2 Die Hände anfeuchten und aus dem Teig Knödel formen. Die Knödel flach drücken und ein Stück Schokolade hineinlegen. Den Teig darum verteilen und einen Knödel formen.

3 Wasser in einem Topf zum Sieden bringen und die Knödel hineingeben. 15 Minuten garen.

4 Butter und Semmelbrösel in eine Pfanne geben und rösten. Zimt dazurühren. Die Knödel abschöpfen und in den Zimtbröseln wenden.

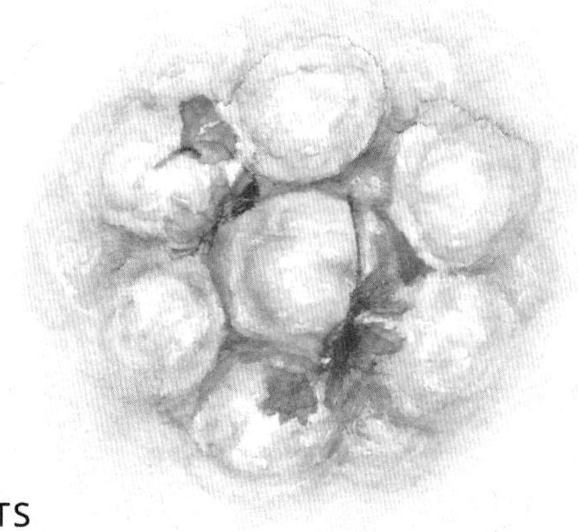

BANANENKNÖDEL AUF ERDBEERSPIEGEL

4 Port.

45 Min.

Mittel

Zutaten

150 g Mehl
250 g Quark
1 Pck. Vanillezucker
120 g Semmelbrösel
2 Eier
300 g Erdbeeren
2 Bananen
80 g Butter, weich
Prise Salz

Nährwerte p. P.

1.174 kcal
135 g Kohlenhydrate
53 g Fett
32 g Eiweiß

1 Mehl, Quark, Eier, Salz, 80 g Semmelbrösel und die halbe Portion der Butter gut miteinander verkneten. Den Teig anschließend zudecken und für 30 Minuten im Kühlschrank kalt stellen.

2 Einen großen Topf mit Wasser füllen und aufkochen lassen.

3 Den Teig zu einer Rolle formen und 16 Scheiben abschneiden. Die geschälten Bananen in 8 Teile schneiden. Jede Teigscheibe mit einer Banane belegen und den Teig um die Banane schlagen und einen Knödel formen.

4 Salz ins Wasser geben, die Hitze herunterdrehen und die Knödel bei geringer Hitze 20 Minuten ziehen lassen. Sobald sie an die Wasseroberfläche kommen, sind sie fertig und können abgeschöpft werden.

5 Die gewaschenen Erdbeeren mit Vanillezucker pürieren.

6 Ohne Zugabe von Fett die restlichen Semmelbrösel in einer Pfanne rösten und in eine flache Schüssel geben.

7 Die Knödel abschöpfen. Die restliche Butter in einer Pfanne zum Schmelzen bringen und die Knödel darin wenden und direkt durch die Semmelbrösel rollen.

8 Auf vier Tellern einen Spiegel aus Erdbeersauce anrichten und die Knödel darauf platzieren.

NOUGATKNÖDEL (VEGAN)

8 Port.

2 Std.
40 Min.

Leicht

Zutaten

250 g Mehl
250 g veganen Quark
100 g Haselnüsse
2 EL Sojamehl
200 g Margarine
125 g Nougat
100 g Zucker

Nährwerte p. P.

549 kcal
47 g Kohlenhydrate
35 g Fett
10 g Eiweiß

1 Das Mehl sieben und mit Quark, 125 g Margarine und Sojamehl vermengen. Anschließend für 2 Stunden in den Kühlschrank stellen.

2 75 g Margarine in einer Pfanne schmelzen. Den Zucker dazugeben und auch diesen zum Schmelzen bringen. Die Nüsse klein hacken und ebenfalls in die Pfanne geben. Stets umrühren und die Nüsse bräunen. Anschließend auskühlen lassen.

3 Teilen Sie das Nougat in 8 Stücke und machen daraus Kugeln. Den gekühlten Teig ebenfalls in 8 Portionen teilen, flach drücken und die Nougatkugeln damit ummanteln.

4 Salzwasser zum Kochen bringen und die Knödel darin 20 Minuten garen. Regelmäßig wenden. Sobald die Nougatknödel an die Wasseroberfläche kommen, können sie abgeschöpft werden.

5 Abschließend in der Nussmischung wenden.

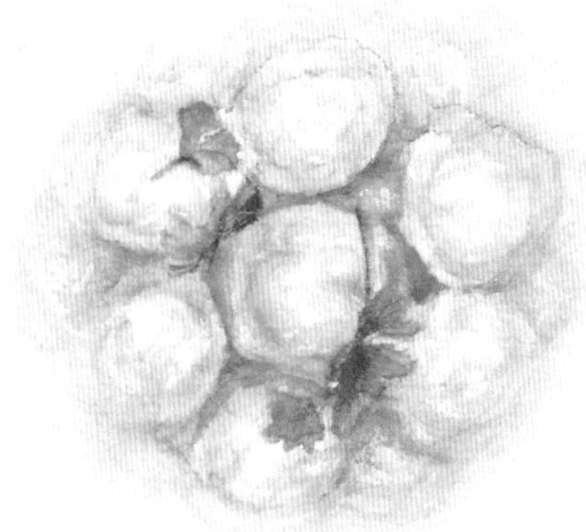

SÜßE REIS-KARTOFFEL-KNÖDEL

3 Port.

1 Std.

Mittel

Zutaten

1 TL Kokosöl
2 EL Reissirup
1 Ei
3 Kartoffeln, mehligkochend
200 g Dinkelmehl
Früchte nach eigener Vorliebe
Kokosflocken

Nährwerte p. P.

345 kcal
66 g Kohlenhydrate
3 g Fett
9 g Eiweiß

1 Die geschälten Kartoffeln in Wasser ohne Zugabe von Salz garen. Danach durch eine Kartoffelpresse pressen und auskühlen lassen.

2 Ei, Reissirup, Mehl und Öl zu den abgekühlten Kartoffeln geben. Alles gut miteinander verkneten. Aus jeweils 2 EL eine Teigscheibe platt drücken, eine Frucht hineinlegen und mit dem Teig ummanteln.

3 Die Knödel in siedendem Wasser 15 – 20 Minuten ziehen lassen. Abschließend die Knödel in Kokosflocken wälzen.

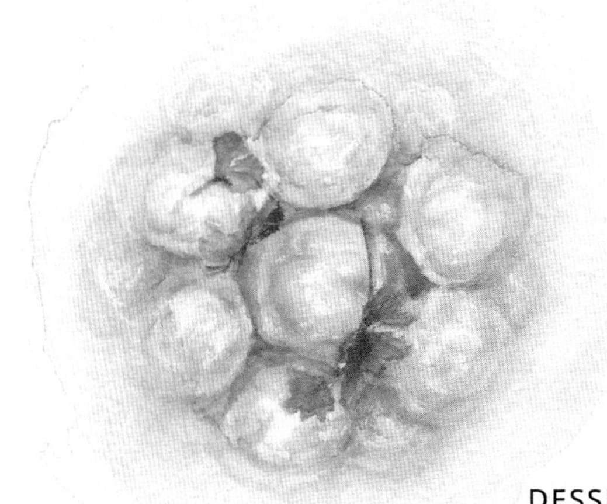